decolonizar
é preciso

Francisco Uribam Xavier de Holanda

decolonizar é preciso

O desafio de um pensamento outro

Dados Internacionais de Catalogação na Publicação (CIP)
(Câmara Brasileira do Livro, SP, Brasil)

Holanda, Francisco Uribam Xavier de
Decolonizar é preciso : o desafio de um pensamento outro / Francisco Uribam Xavier de Holanda. -- 1. ed. -- Rio de Janeiro : Bambual Editora, 2024.

Bibliografia.
ISBN 978-65-89138-61-7

1. América Latina - Aspectos políticos 2. América Latina - Civilização 3. Capitalismo 4. Colonialismo 5. Decolonialidade 6. Modernidade I. Título.

24-220099 CDD-320.531098

Índices para catálogo sistemático:

1. América Latina : Capitalismo : Ciência política 320.531098

Aline Graziele Benitez - Bibliotecária - CRB-1/3129

www.bambualeditora.com.br
colabora@bambualeditora.com.br

Para meu pai, Almiro Alves de Holanda (13/02/1942 – 03/04/2021), que virou uma estrelinha, vítima da Covid-19 e da política criminosa e negacionista do governo Bolsonaro.

E para minha mãe, Aldenora Xavier (26/11/1945 – 04/07/2023), que se juntou aos seus ancestrais (*in memoriam*).

Sumário

Prefácio

Decolonizar é preciso – o desafio de um pensamento outro é um convite à reflexão profunda sobre os alicerces das estruturas que sustentam o capitalismo e a Modernidade na América Latina, esta considerada como a primeira grande periferia do mundo eurocêntrico. A obra de Uribam Xavier ressoa como um eco das vozes que, ao longo dos séculos, têm se insurgido contra as narrativas dominantes impostas pelo colonialismo e perpetuadas pela colonialidade.

A Modernidade, muitas vezes celebrada como um marco de progresso e civilização, carregou consigo um projeto de dominação e exploração, cuja face mais perversa foi a colonização/expoliação das Américas. Esse processo, descrito por Aníbal Quijano como colonialidade do poder, instaurou um padrão mundial de poder que hierarquiza e subordina, de maneira sistemática, as culturas e os saberes não europeus. Colonialidade de poder como uma forma de dominação social, cultural e econômica, estabelecidos pelo controle, articulação e subjugação do trabalho, exploração da natureza e recolhimento de seus frutos, para além das relações entre povos e territórios.

Esse paradigma de poder, dominação econômica e epistêmica, foi analisado por Walter Mignolo, autor que o livro de Uribam apresenta ao grande público e nos auxilia a repensar o próprio conceito de modernidade. Mignolo nos alerta que a Modernidade, enquanto projeto civilizatório, está intrinsecamente ligada à colonialidade: "*Não se pode pensar na modernidade sem considerar a colonialidade como sua contrapartida obscura*". É essa dualidade que Uribam Xavier explora em sua obra, propondo o pensamento decolonial como uma alternativa que rompe com o privilégio epistêmico eurocêntrico e reivindica o lugar de fala daqueles que foram historicamente silenciados. É um livro do Des-silencimento dos silenciados e esquecidos. Não se trata apenas de uma crítica às estruturas existentes, mas uma construção ativa de novas formas de saber e de ser no mundo. Por isso mesmo, extremamente atual.

A emancipação das periferias do mundo só pode ser alcançada através de uma crítica radical das estruturas coloniais que ainda persistem. Outro autor de relevo para o pensamento decolonial, o filósofo argentino Enrique Dussel, argumenta que: "*...a modernidade é, em essência, um fenômeno eurocêntrico que se afirma pela negação e subordinação das culturas periféricas. Para superar essa subordinação, é necessário uma transmodernidade que reconheça e valorize os saberes outros.*" Uribam, em escrita ágil e direta, costura o pensamento desses três autores fundamentais propondo a decolonialidade como um caminho para a verdadeira libertação das amarras de subjugação e exclusão sociais, ainda tão presentes em nossos países; não só na América Latina, mas neste continente em especial. Somente compreendendo e rompendo com essas amarras será possível alcançar a verdadeira libertação.

A cada capítulo do livro Uribam vai incorporando uma diversidade de perspectivas que enriquecem a compreensão da complexidade do nosso tempo em uma pluralidade de vozes, que valoriza a multiplicidade de experiências e conhecimentos. A hegemonia do conhecimento ocidental tem sistematicamente desvalorizado e marginalizado outros modos de conhecer e de interpretar o mundo. Este livro acrescenta novos grãos na semeadura de um projeto de desobediência epistêmica. Reconhecer e valorizar esses outros saberes é um passo fundamental para a decolonialidade, quebrando hierarquias e construindo novas legitimidades.

Reconhecer a importância das vozes que foram subalternizadas é essencial para desconstruir as narrativas dominantes e construir uma sociedade mais justa e equânime. Esse reconhecimento também se estende à necessidade de decolonizar a economia política, propondo novos modelos que priorizem o bem-estar coletivo e a sustentabilidade sobre a acumulação de capital, em resumo, o Bem Viver, conforme conceito dos povos originários desse nosso vasto continente conhecido como América. A cada capítulo, a economia política e o mundo simbólico vão sendo reestruturados, sempre pelo inquebrantável compromisso com as comunidades marginalizadas. Este livro pode parecer modesto, mas as ideias são generosas e ambiciosas, e propõem nada menos que o rompimento com o ciclo de exploração e desigualdade imposto pelo capitalismo global.

Um novo horizonte de sentido emerge da decolonialidade, um horizonte onde a diversidade e a inclusão são pilares fundamentais. Este horizonte se reflete na proposta de uma educação decolonizadora, que valoriza a pluralidade de saberes e experiências, e que prepara indivíduos não apenas para o mercado de trabalho, mas para a vida em sociedade, e isso pressupõe uma educação decolonial como um processo de aprendizado que valorize e incorpore as perspectivas e conhecimentos dos povos historicamente marginalizados.

Viajando por aí, semeando as ideias da Cultura Viva e do Bem Viver pela América Latina, me aproximei das reflexões de Uribam Xavier e dele como pessoa, tornamo-nos amigos, posso dizê-lo, apesar da distância e dos poucos encontros presenciais, efetivamente, talvez apenas um encontro, quando ele tão bem recepcionou-me em Fortaleza, Ceará. Narrando as iniciativas culturais e comunitárias que fui encontrando em mais de 50 viagens por diferentes países da América Latina, e que estão expressas em meu livro *Por todos os caminhos – Pontos de Cultura na América Latina*, pude evidenciar a riqueza e a vitalidade das culturas silenciadas e da gente invisibilizada, mas que resistem e florescem apesar das adversidades impostas pelo modelo colonial e capitalista. A cultura é um ato de resistência, é a reafirmação de nossa identidade em meio às tentativas constantes de apagamento e silenciamento. Com isso nos encontramos.

Assim, ***Decolonizar é preciso – o desafio de um pensamento outro*** não é apenas uma análise crítica, mas um chamado à ação. É uma obra que inspira a reimaginar e a reconstruir nossa realidade, pautada no respeito, na justiça e na dignidade para todos os povos e culturas. Uribam Xavier vai tateando um mapa para navegar os desafios contemporâneos, guiados pela luz da decolonialidade e pela esperança de um futuro mais inclusivo e equitativo. É o que o livro oferece.

CÉLIO TURINO

Historiador e escritor – caminha por aí, semeando
as ideias da cultura viva e do bem viver

Apresentação

Dentro do pensamento crítico latino-americano eclodiu, na década de 90 do século passado, uma rede de pensadores que produziram um conjunto de hipóteses e teorias denominado de pensamento descolonial ou decolonial. De lá para cá sua visibilidade vem sendo ampliada como uma teoria capaz de pensar várias dimensões da realidade social, política, cultural, econômica, religiosa, espiritual e de toda cadeia de relação da humanidade com a natureza. No pensamento decolonial, ou um paradigma outro, como defende Walter Mignolo, se coloca como um de seus desafios pensar a história e a realidade social presente tendo como referências as condições de existência humana a partir de um horizonte pluriversal. Como afirmam os zapatistas, que outros mundos sejam possíveis e construídos por meio da ação de vários atores sociais, numa dinâmica que não separa a luta por melhores condições de vida da luta contra o racismo estrutural, da desigualdade de classes e gênero, do direito a escolha sexual e da preservação da natureza e suas várias formas de vida.

O pensamento decolonial adota como orientação epistemológica o pressuposto de que todo conhecimento é historicamente localizado, corporal e geopolítico. Assim sendo, a América Latina, a África, a Ásia e a Índia são lócus de anunciação de seus próprios saberes, tecnologias e conhecimentos, mas foram civilizações vitimadas pelo projeto eurocêntrico civilizador moderno, que sendo, também, um projeto provinciano e localizado, apresentou-se ao mundo como um projeto universal, objetivo e verdadeiro, rivalizando, hierarquizando, subalternizando e invisibilizando outros conhecimentos, territórios e povos.

Minha aproximação com o pensamento decolonial aconteceu durante os primeiros anos do século XXI, quando, refletindo junto à Rede Universitária de Pesquisadores sobre a América Latina (RUPAL) sobre o fenômeno dos chamados governos progressistas na América do Sul, comprei o livro *Oito visões da América Latina*, organizado por Adauto Novaes. Durante a sua leitura, um texto me seduziu: "Os fantasmas da América Latina", do sociólogo peruano Aníbal Quijano, e, ao buscar outros textos do autor, cheguei à rede de pesquisadores Modernidade/colonialidade. A partir daí, passei a ampliar minhas leituras com outros autores: Santiago Castro-Gómez, Enrique Dussel, Walter Mignolo, Catherine Walsh, Ramón Grosfoguel, María Lugones, Maldonado Torres, Rita Segato, Edgardo Lander, Fernando Caronil, Zulma Palermo, Arturo Escobar e outros menos conhecidos. Agora, estou me encantando com o pensamento decolonial no Brasil, pensado pelos indígenas, feministas negras, negros, povo de terreiro e com muita gente envolvida com educação.

O pensamento decolonial me permitiu ver, com mais clareza e profundidade, que a política e o modo de vida dominantes no Brasil são formas estruturadas e estruturantes de atualização da colonialidade do poder, que, por meio de suas feridas e heranças colonIAIS, vão atualizando constantemente a necropolítica[1] praticada pela elite branca brasileira estribada na colonialidade do poder, do ser e do saber.

A branquitude eurocentrada brasileira renova constantemente as suas fórmulas de exploração, de dominação e de subalternização juntamente com o auxílio da esquerda eurocentrada, que se recusa a fazer reformas estruturais de enfretamento ao mercado do capital. Assim, no Brasil, a possibilidade de um giro decolonial passa pelas mãos dos subalternos, dos povos indígenas, dos trabalhadores e trabalhadoras, dos favelados, da comunidade LGBTIA+, dos quilombolas, dos negros e negras, dos execrados de uma vida digna, dos povos das florestas, dos humilhados pela colonialidade e dos que adotam um lugar de fala e um ativismo político a partir de um horizonte libertário diferente do permitido pelo sistema-mundo moderno/colonial, ou seja, dos que podem aderir a uma ação decolonizante a partir de um horizonte outro: anticapitalista, anti-imperial, transmoderno e pluriversal um projeto pluricivilizador que exige paciência histórica.

A ferida colonial é um termo utilizado pelo pensamento decolonial para se referir à forma como as comunidades, as sociedades e os povos originários do continente foram colonizados, eurocentrados e como nela sempre habitou, simultaneamente, a dinâmica da dominação/resistência. É a partir das nossas heranças e feridas co-

---

1 Na conclusão de seu livro Necropolítica (2020, p. 71) Achille Mbembe afirma: "tentei demonstrar que a noção de biopoder é insuficiente para dar conta das formas contemporâneas de submissão da vida ao poder da morte. Além disso, propus a noção de necropolítica e de necropoder para dar conta das várias maneiras pelas quais, em nosso mundo contemporâneo, as armas de fogo são dispostas com o objetivo de provocar a destruição máxima de pessoas e criar mundos de morte, formas únicas e novas de existência social, nas quais vastas populações são submetidas a condições de vida que lhes conferem o estatuto de mortos-vivos".

loniais que podemos identificar quais lugares nossas etnias, grupos, comunidades, classes sociais e as pessoas ocupam na estrutura social da colonialidade do poder, quais tipos de trabalho desenvolvem, que remuneração recebem, como vivem, como e por que são invisibilizadas, inferiorizadas, subalternizadas e exploradas de forma material e simbólica.

A partir das heranças e feridas coloniais, podemos compreender por que as piores ocupações e as menos remuneradas (lixeiro, porteiro, pedreiro, babá, empregada doméstica, vigia, vendedor, balconista, entregador, soldador, borracheiro, policial, vendedor ambulante, camelô, biscateiro etc.) estão destinadas, dentro do sistema-mundo moderno/colonial marcado pela classificação e hierarquização da sociedade a partir da ideia de raça e do racismo estrutural, pela divisão de gênero e de classes – aos corpos políticos negros, pobres, operários, mulheres e periféricos. Podemos entender, também, por que determinados locais e condições precárias de moradias, como as encostas de morros, as favelas, as ruas, as quebradas, os subúrbios e as periferias (racismo ambiental), são destinados – são o que sobra como destino – a esses corpos políticos.

A política, a economia, o modo de vida dominante e a exploração no sistema-mundo colonial/moderno, no qual o Brasil é parte integrante, são operados tanto pela direita como pela esquerda em seus vários matizes, e são estruturados por meio de uma lógica de funcionamento que articula de forma integrada a dominação colonial (branca, cristã, homofóbica, patriarcal, machista, racista, sexista e ecocídia), uma superexploração da força de trabalho e de um modelo neodesenvolvimentista rentista/extrativista, que mantém o país na periferia da geopolítica do sistema-mundo moderno/colonial.

A ferida colonial se traduz por meio da linguagem. No seu processo de atualização ela é aberta e naturalizada por meio de falas que vão se constituindo como microagressões, microinsultos, microinvalidações, preconceitos, manifestações racistas e cancelamentos dos subalternos no cotidiano, vistos como algo normal e que se naturalizam. A internet e seus dispositivos, hoje, se constituem no maior instrumento de ampliação das feridas coloniais, por meio da divulgação de mentiras e da apologia à pós-verdade.

Tomar e ter consciência das feriadas coloniais que trazemos em nosso corpo, das que estão inscritas na nossa história, e entendermos os mecanismos com os quais opera a colonialidade do poder, do ser e do saber pode nos permitir ter uma compreensão mais ampla do nosso lugar de raça, de classe, de gênero, da vivência sexual, do nosso território habitacional e, como consequência, resistir aos múltiplos processos de dominação, exploração, hierarquização e multiculturalização neoliberal do sistema-mundo moderno/colonial. Logo, o objetivo deste livro é despertar o interesse dos leitores para o pensamento decolonial, oferecendo uma porta de entrada ao tema.

O livro ***Decolonizar é preciso – o desafio de um pensamento outro*** foi pensado e escrito para ser uma apresentação sistemática e acessível aos principais aspectos do pensamento decolonial, alguns de seus conceitos, ideias e suas diferenças em relação a outras matrizes de pensamento que refletem sobre o pós-colonial ou sobre a subalternidade. Trata-se, portanto, de um livro com um objetivo introdutório e um aperitivo para quem deseja ou tem curiosidade de fazer aproximações e dialogar com o pensamento decolonial e suas teorias. Um livro mais amplo, que estou finalizando, deve entrar no mercado editorial em breve.

Para que o texto escrito se metamorfoseasse em livro com formato, textura e cheiro, contei com o interesse generoso e o carinho entusiástico de Isabel Valle, a quem agradeço de forma verdadeira e acredito ter iniciado uma fecunda parceria com a Bambual Editorial. Uma dívida de gratidão, nesse processo, foi contraída com o amigo Célio Turino, a quem os Pontos de Culturas no Brasil têm como um pensador e apoiador, ou seja, no dizer de Gramsci, um intelectual orgânico, que chama a atenção dos leitores e leitoras para a possibilidade diversa de entendimentos, diálogos e limites que marcam a obra. E finalizo minha apresentação deixando um:

RECADO PARA TÉRCIA

Te encontro
Na linha férrea
De Montenegro,
Quatro horas e meia
Perto da roseira.
Para que me contes
Historinhas de reinado,
Quadrilha, estrangeiros
E sobre o trem.

Uribam Xavier
Bairro de Fátima
Fortaleza – Ceará – Brasil.
Agosto de 2024.

1
A América Latina, o capitalismo e a Modernidade

> Em 12 de outubro de 1492, os nativos descobriram que eram índios, descobriram que estavam nus, descobriram existia pecado, descobriam que deviam obediência a um rei e uma rainha de outro mundo e a um deus de outro céu, e que esse deus havia inventado a culpa e a roupa e havia mandado queimar vivo quem adorasse ao sol, à lua, à terra e à chuva que a molha.
>
> Eduardo Galeano[2]

O pensamento decolonial, expressado pela rede de pensamentos críticos latino-americana conhecida como Modernidade/colo-

2 GALEANO, Eduardo. Sobre 12 de outubro de 1492. **YouTube**. Acessado em 21 de outubro de 2023.

nialidade, tem sua articulação e vigor intelectual ancorados nos conceitos de colonialidade e colonialidade do poder, formulados pelo sociólogo peruano Aníbal Quijano.

Em janeiro de 1991, Aníbal Quijano, numa entrevista concedia para Nora Velarde (1991), da Revista Del Centro de Educación y Cultura – ILLA (Lima – Peru), após afirmar que a reciprocidade e o mercado são as duas mais antigas instituições de trabalho e de intercâmbio da espécie humana e que o capital tinha apenas quinhentos anos, declarou que a América Latina, o capitalismo e a Modernidade nasceram no mesmo dia. No mesmo ano, no mês de novembro, na Universidade da Flórida (EUA), numa conferência intitulada "A América Latina Sobreviverá?", Quijano (2013) inicia sua fala afirmando que quando os europeus invadiram as Américas, em 12 de outubro de 1492, nascia, nessa ocasião, no mesmo tempo e no mesmo processo, três categorias históricas: a América Latina, o capitalismo e a Modernidade.

Aníbal Quijano, com a entrevista à Nora Verlade e com a conferência na Flórida, produziu uma outra narrativa histórica tendo a América Latina como lócus de enunciação ou geopolítica do saber Latino, e rompe, assim, com a imagem e o lugar da América Latina que nos foram impostos pelo imaginário eurocêntrico e eurocentrado, como o formulado por Hegel, no qual somos apresentados como povos sem história; a Modernidade como sendo um ato histórico intra-europeu e não mundial. Quijano rompe com a narrativa de que os povos originários de Abya Yala eram povos primitivos e atrasados culturalmente. Além disso, ele antecipa em dois séculos o marco histórico da Modernidade, na qual insere o continente americano como parte constituinte.

As teses de Quijano vão ao encontro do pensamento da Filosofia da Libertação de Enrique Dussel, o qual, também, afirma que a

Modernidade se funda com a conquista, colonização e dominação da América e que foi nesse processo que nos constituímos como a primeira periferia da Europa moderna, antes mesmo da Ásia e da África, fato que corrige, também, a narrativa crítica do pensamento pós-colonial e do pensamento subalterno desenvolvida a partir do Sul da Ásia. O reconhecimento da Espanha no processo originário de constituição da Modernidade faz com que a América Latina afirme o seu lugar constitutivo da Modernidade. Segundo Enrique Dussel,

> Fomos a primeira periferia da Europa moderna, quer dizer, sofremos globalmente desde nossa origem um processo constitutivo de modernização embora naquela época não se usasse essa palavra (periferia) que depois se aplicará à África e à Ásia (DUSSEL, 1993, p. 16).

Para Aníbal Quijano (1993), a América foi um ato constitutivo do sistema-mundo moderno-colonial, ela não se incorporou a uma economia capitalista já existente, ela é parte constituinte da Modernidade e do sistema-mundo moderno-colonial, pois não teria havido lugar para uma economia-mundo capitalista sem a América Latina e o Caribe.

Para o estabelecimento de uma economia-mundo capitalista, segundo Quijano (1993), foi essencial a combinação de três fatores: i - uma expansão do volume geográfico do mundo; ii - o desenvolvimento de vários métodos de controle do trabalho para diferentes produtos e zonas da economia-mundo; iii - a criação de aparatos de Estado do centro dessa economia-mundo capitalista.

A América foi essencial para as duas primeiras necessidades, que criaram as condições materiais para a realização da terceira. Foi, então, a América Latina e o Caribe que serviram de espaço e de laboratório experimental para os vários métodos de controle e exploração do trabalho por parte do capitalismo. Portanto, a América Latina e o Caribe são partes constituintes do capitalismo, e aqui, diferente do que pensavam os marxistas, não tinham restos feudais a serem superados com a finalidade estratégica de tornar a América Latina capitalista, para que, em seguida, fosse possível a revolução socialista. As teorias eurocêntricas é que, na sua insuficiência, imaginavam que deveríamos passar pelos mesmos processos etapistas pelos quais passaram a Europa.

Durante os três primeiros séculos do sistema-mundo moderno/colonial, todos os Estados na América Latina foram colônias subordinadas a um punhado de Estados europeus, que estabeleceram, a partir de 1492, um processo direto de dominação política, social, espiritual, cultural e de exploração econômica sobre os conquistados. Esse processo de dominação e exploração é conhecido como colonialismo, e implicou na brutal concentração dos recursos oriundos das colônias americanas sob o controle e em benefício de uma reduzida minoria de países europeus e de suas classes dominantes. Até hoje, os capitalistas europeus ocidentais e os seus descendentes euro-norte-americanos são os principais beneficiários do processo de colonização e da colonialidade do poder.

Portanto, para Aníbal Quijano (2006), a região que hoje chamamos de América Latina se constituiu com e como parte do atual padrão de poder dominante do mundo. Nela se configuraram e se estabeleceram a colonialidade e a globalidade como fundamentos e modos formadores do padrão mundial de poder. Dela partiu o processo histórico que definiu a sua dependência histórico-estrutural e, no mesmo movimento, a constituição da Europa Ocidental como centro mundial.

Em síntese, para Quijano, a América Latina foi tanto o espaço original como o tempo inaugural do período histórico e do mundo que ainda hoje habitamos. Ela foi a primeira entidade/identidade histórica do atual sistema-mundo colonial moderno de todo o período da Modernidade. Em seu aspecto político, sobretudo formal e explícito, a dominação colonial foi derrotada por meio dos processos de lutas nacionais pela independência. A América foi o primeiro cenário dessa derrota.

Depois da Segunda Guerra Mundial, o colonialismo foi sendo derrotado na África e na Ásia. Todavia, acabado o *status* formal de colonial, a colonialidade, como lado constituinte e oculto da Modernidade, permaneceu na forma de hierarquia social, política, cultural e econômica entre o europeu e o não europeu, principalmente, como forma de produção e controle de conhecimento e de subjetividade, dentro da qual todos nós habitamos e que nos habita, o que nos torna hospedeiros e reprodutores dos valores e da visão de mundo moderna.

A colonialidade, como colonização do imaginário e da produção de subjetividade do colonizado, implica a imposição do uso dos padrões de expressão cultural dos dominantes, suas crenças e imagens, os quais serviam não somente para impedir, subalternizar e invisibilizar a cultura dos dominados, mas como meio eficaz do controle social e político, quando a repressão imediata deixou de ser constante e sistemática.

Uma das contribuições do conceito de colonialidade do poder é chamar atenção para a localização geoistórica da produção e distribuição do conhecimento. O processo de elaboração conceitual e categorização da Modernidade está ligado às línguas imperiais (espanhol, francês, português, inglês e alemão), línguas de produção do saber que, embora provincianas, colocam-se como universais. Daí, porque junto com o epistemicídio, o linguicídio, o semiocídio, o genocídio, a conquista e a colonização geraram formas de falar fora do lugar.

A imposição da língua do colonizador rompeu a relação que a população indígena sentia com o seu lugar, com sua conexão direta com a natureza, e tinha como objetivo destruir séculos de memórias, cosmologias, relações sociais, espiritualidade, trabalho, etc. Língua e raça foram componentes fundantes na articulação do imaginário do sistema-mundo moderno/colonial, no qual as línguas dos povos indígenas e dos não europeus foram descartadas e consideradas pela Modernidade como línguas não úteis para a produção de conhecimentos. Além do mais, a multiplicidade de línguas não conhecidas pelos europeus tornava impossível a evangelização do continente; o projeto da Modernidade, ou da primeira modernidade, como classifica Enrique Dussel (1993), o período da Modernidade hegemonizado pela Espanha, comportava a expansão do cristianismo e da evangelização como parte do seu processo civilizador.

Durante o mesmo período, em que se consolidava a dominação cultural Europeia, foi sendo construído o complexo cultural conhecido como racionalidade/modernidade europeia, a racionalidade iluminista que Enrique Dussel chama de segunda modernidade, o qual foi estabelecido como um paradigma universal de conhecimento e de relações de poder entre a Europa e o resto do mundo. Como afirma Aníbal Quijano (2014), não é um acidente que o pressuposto fundamental de conhecimento do paradigma ocidental ou eurocêntrico seja pensado do mesmo modo que a propriedade, como uma relação entre um indivíduo e algo. Para ele, tanto a propriedade [algo/objeto] como o conhecimento [saber] são uma relação entre as pessoas (intersubjetividade) a propósito de algo e não uma relação entre indivíduo e algo. O que diferencia tais fenômenos é que a relação de propriedade existe tanto de modo material como intersubjetivo, o conhecimento só como uma relação intersubjetiva.

A radical ausência do outro na epistemologia moderna não somente postula uma imagem atomística da existência social em geral, como nega a ideia de diversidade social. Como o mostrava a prática colonial europeia, o seu padrão epistemológico oculta qualquer referência a qualquer outro sujeito fora do contexto europeu, isto é, fazendo invisível a ordem colonial como totalidade, no momento mesmo em que a própria ideia de Europa está se constituindo e se impondo, em relação ao resto do mundo em colonização, como um processo civilizador universal.

O conceito de colonialidade, portanto, se refere a um padrão de poder que se inaugura com a expansão europeia a partir de 1492, quando a ideia de raça e hierarquia étnico-racial global atravessa todas as relações sociais existentes: a sexualidade, o gênero, a classe, a divisão do trabalho, o conhecimento, a espiritualidade e a natureza. Quando se trata da divisão internacional do trabalho entre centros e periferias ou quando se trata das relações interestatais político-militares globais ou, ainda, da relação capital-trabalho, é mais fácil de se fazer visível como a ideia de raça afeta todas as relações. Por exemplo, os centros que acumulam riquezas no mundo são, como tendência, fundamentalmente populações europeias, e as periferias, de origem não europeia. Como afirma Lélia Gonzalez:

> É neste sentido que o racismo, enquanto articulação ideologia e conjunto de práticas, denota sua eficácia estrutural na medida em que remete a uma divisão racial do trabalho extremamente útil e compartilhada pelas

> formações socieconomicas capitalistas e multirraciais contemporâneas. Em termos de manutenção do equilíbrio do sistema como um todo, ele é um dos critérios de maior importância na articulação dos mecanismos de recrutamento para as posições na estrutura de classes e no sistema de estratificação social (2020, p. 96).

Europeu, aqui, não se refere apenas à população no território que conhecemos como Europa. Trata-se de uma posição sistêmica de classificação racial em hierarquia étnico-racial global na qual o que é classificado como eurocêntrico/eurocentrado terá o privilégio advindo de processo de dominação e exploração, de acumular riquezas frente aos que são classificados como não europeus [os outros]. Significa dizer que a ideia de raça e o racismo não são um epifenômeno ou uma superestrutura derivada da lógica de acumulação em escala mundial, mas parte estruturante e constitutiva da lógica de acumulação do capital e do processo civilizacional moderno.

Colonialidade do poder é a tese de que a classificação social da população mundial a partir da ideia de raça e do racismo é um princípio organizador da acumulação de capital e dos diversos eixos de poder da Modernidade. A ideia de raça, para o pensamento decolonial, organiza, classifica e hierarquiza as relações de dominação e exploração (classes, raça, gênero, nação e religião) das sociedades moderno-coloniais. A ideia de raça, para Quijano, foi a primeira categoria social da Modernidade.

2

O colonialismo e a colonialidade

A partir das reflexões e produções teóricas elaboradas por Aníbal Quijano e Walter Mignolo, identificaremos o que é colonialismo e o que é colonialidade para o pensamento decolonial, pois entender a diferença entre os dois conceitos ajuda na compreensão do que é o giro decolonial ou uma ação decolonizante.

No campo teórico eurocêntrico, alguns cientistas políticos, sociólogos, economistas e historiadores entendem que o colonialismo é algo superado, falam que seu acontecimento se constituiu como um desvio da Modernidade e ignoram completamente o fenômeno da colonialidade. Portanto, no século XXI, já não teria mais sentido falar em colonialismo, pois a Modernidade segue seu curso na tentativa de realizar a sua promessa de emancipação. Por isso, Habermas afirma que a Modernidade é um projeto inacabado.

Para o pensamento decolonial, todavia, a Modernidade se encontra indissoluvelmente associada à história do colonialismo e da colonialidade, por isso é necessário esclarecer que o colonialismo não equivale à colonialidade. A diferença entre colonialismo e colonialidade, estabelecida por Aníbal Quijano num ensaio intitulado "Colonialidad y Modernidad-Racionalidad", publicado no ano de 1992, é de fundamental importância para se compreender os argumentos do pensamento decolonial, o que significa giro decolonial, pós-colonialidade ou decolonialidade, muitas vezes confundidos com pós-colonial.

Conforme Aníbal Quijano, o colonialismo e a colonialidade são dois elementos constitutivos e constituintes do projeto civilizador moderno. O colonialismo é o domínio territorial, político, administrativo e militar direto de um povo ou nação, por parte de um país estrangeiro (colonizador), com o objetivo de obter vantagens econômicas e rivalizar com a cultura local, tornando-a subalterna na relação metrópole/colônia.

Como ação de domínio territorial, econômico e político, a prática do colonialismo é antiga, é bem anterior à Modernidade. O processo de ruptura com o colonialismo acontece historicamente por meio de lutas por independência local ou nacional, como na América Latina; ou por libertação nacional, como na África e Ásia. Todavia, a chamada "independência ou libertação nacional" não significou, na Modernidade, nem emancipação política nem emancipação econômica e cultural, pois o padrão mundial de poder se prolongou por outros meios e dispositivos de dominação e exploração econômica, política, pedagógica, epistemológica e espiritual, mesmo após a ausência da administração política e militar das metrópoles imperiais nas colônias. Esses outros meios e dispositivos de dominação e exploração foram denominados por Aníbal Quijano de colonialidade.

A colonialidade, portanto, diz respeito à lógica epistêmica e eurocêntrica colonial que ganhou existência como parte constituinte e oculta da Modernidade. A colonialidade e a Modernidade, segundo Aníbal Quijano (2005, p. 23), foram, desde o início, e não deixaram de ser até hoje, duas faces da mesma moeda, duas dimensões inseparáveis de um mesmo processo histórico de formação do sistema-mundo moderno/colonial. Daí a expressão Modernidade-colonialidade (com o tracinho no meio) para expressar que são inseparáveis, que não existe colonialidade sem Modernidade nem Modernidade sem colonialidade. Portanto, não tem como pôr fim à colonialidade sem superar o processo civilizador moderno.

A colonialidade é um processo de dominação imaterial que consiste na colonização do imaginário dos colonizados por valores e pela visão de mundo dos colonizadores e se materializa numa ação intensa e violenta de desvalorização do modo de saber, de ser e de se relacionar com o mundo dos colonizados. Diz Quijano (2005), a colonialidade consiste nas práticas de desvalorização, interiorização e invisibilidade dos modos de aprendizado e reprodução de conhecimento, dos símbolos, das suas imagens e crenças, das suas estéticas e recursos naturais e de toda cultura singular dos dominados e a incorporação neles da imagem do colonizador (dominador e opressor) como superior, civilizado e modelo a ser imitado e seguido como condição de se atualizarem no mundo. A escritora Herriet Beecheiz Stone, em sua obra famosa "A cabana do pai Tomás", ao narrar um diálogo entre a senhorita Ofélia e o senhor Clare, quando esse relata o que seria a opinião do senhor Alfredo, sintetiza o que seria a colonialidade. Segundo o senhor Clare, o senhor Alfredo:

> Afirma que não pode haver uma grande civilização sem a escravidão das massas, tanto nominal como real. Deve haver, diz ele, uma classe inferior voltada ao trabalho material e a uma existência animal; como deve

> haver, por conseguinte, uma classe superior ociosa e rica que saiba despertar a inteligência e impulsionar o desenvolvimento, tornando-se a própria alma da classe inferior (2020, p. 271).

Tornando-se a alma da classe inferior, a colonialidade desvaloriza o trabalho dos colonizados, naturaliza todas as formas de alienação, produz uma superexploração do trabalho, torna a mais-valia invisível e define os desejos dos subalternos e de toda sociedade. Ela sedimenta no imaginário coletivo de colonizados e colonizadores a ideia de que no trabalho realizado pela maioria das pessoas no cotidiano não há conhecimento e nem ciência, com o objetivo de tornar o trabalho racializado sem valor, por não ser um trabalho produzido a partir da autorização e do reconhecimento do diploma universitário, ou seja, do trabalho intelectual ou letrado.

Uma personagem criada por João Ubaldo Ribeiro, na sua obra "Viva o povo brasileiro", longe das lentes eurocêntricas, identifica o valor e o sentido do trabalho de mulheres e homens negros no cotidiano da Bahia, indo na contramão da colonialidade, que os torna sem valor e desprovidos de saber e de ciência:

> Sem conseguir resolver para onde olhar durante todo esse tempo, Dafé se admirou de haver tanta ciência naquela gente comum, se admirou também de nunca ter visto nos livros que pessoas como essas pudessem possuir conhecimentos e habilidades tão bonitas [...]. Quantos estudos não haveria ali, como ficavam todos bonitos fazendo ali suas tarefas [...]. Tinha gente que pescava o peixe, gente que plantava a verdura, gente que fiava o pano, gente que trabalhava a madeira, gente de toda espécie, e tudo isso requeria grande conhecimento e muitas coisas por dentro e por trás desse conhecimento (RIBEIRO, 2009, p. 373).

A colonialidade é constitutiva da Modernidade, não derivativa dela, e implica a invisibilidade sociológica dos não europeus com relação à produção da subjetividade, da memória histórica, do imaginário, do conhecimento racional, da identidade e do trabalho. O conceito de colonialidade desmistifica a leitura segundo a qual a colônia e o colonialismo aparecem apenas como recursos e mão de obra para a acumulação primitiva, como uma consequência natural e necessária à formação do capitalismo. Para Quijano, a colonialidade

> [...] consiste, em primeiro termo, numa colonização do imaginário dos dominados, ou seja, atua na interioridade desse imaginário. A repressão recaiu, antes de tudo, sobre os modos de conhecer, de reproduzir conhecimento, e de produzir perspectivas, imagens de sistemas, símbolos, modo de significação sobre os recursos, padrões e instrumentos de expressão formalizada e objetivada, intelectual ou visual. Os colonizadores impuseram aos colonizados, também, uma imagem justificada de seus próprios padrões de produção de conhecimento e significados (QUIJANO, 2014, p. 61).

No pensamento decolonial, os termos giro colonial, decolonialidade ou descolonialidade significam o reverso de colonialidade, e o seu horizonte de ação aponta para o desmonte da estrutura da colonialidade do poder, do eurocentrismo e da obediência epistêmica e política do projeto civilizador moderno. Em outras palavras, uma ação decolonizante é um ato de desmonte e destruição da estrutura da colonialidade do poder, do ser e do saber.

Para Walter Mignolo, o pensamento decolonial, como método e ponto de partida para a investigação e o agir político transformador e libertário, tem como desafios a decolonização do poder, do saber e do ser. Isso implica a quebra dos processos que permitem a racialização e a inferiorização, mecanismos que promovem a invisibilidade das formas de conhecimento e de vida dos seres humanos e territórios que são vítimas dos processos de exploração e dominação colonial e do eurocentrismo como mecanismos de produção e reprodução de conhecimento e subjetividade. Para Mignolo (2008), decolonização é uma atitude de desprendimento epistêmico e, para tal, é necessário se instalar uma epistemologia de fronteira alternativa ao eurocentrismo moderno.

O giro decolonial, ou a decolonialidade, não é um projeto de volta ao passado, mas um projeto presente olhando para o futuro. Quando se tenta pensar a partir da tradição, o que está ocorrendo é que se está utilizando de uma epistemologia ou uma cosmologia outra para ressignificar o presente em uma direção outra. Não há volta a um passado puro. Estamos todos contaminados pela colonialidade, mas isso não significa dizer que a Europa foi exitosa em sua pretensão de erradicar todas as cosmologias/epistemologias outras. Essas resistiram e o retorno a elas, que nunca desapareceram, mas permaneceram subalternizadas e invisibilizadas, agora, com a crise do eurocentrismo, é fonte epistemológica que mobiliza vários sujeitos contra o padrão mundial de poder.

3

O padrão mundial de poder

Para o pensamento decolonial, como expressado por Aníbal Quijano, não existe esfera alguma das relações sociais entre os individuais de um determinado território na qual o poder se faça ausente, mesmo nas relações mais íntimas, como a amizade e o amor. Portanto, diz ele (2003, p. 6): "toda existência social é uma trama do conjunto de relações sociais configuradas em cada âmbito vital para sobrevivência e para reprodução da espécie".

Para Quijano (2003), a experiência de todos os povos, ou seja, de toda a humanidade ao longo de sua história, foi marcada pela disputa contínua pelo controle de certas áreas vitais de garantia da existência material e simbólica da vida no mundo. Assim, o objetivo do poder é controle ou domínio das quatro estruturas básicas da existência social humana, a saber:

i – O controle do trabalho e da natureza, sob o controle da empresa, seus recursos e seus produtos – tem origem nos escassos recursos de sobrevivência, pois, nos seus primórdios, os elementos materiais necessários para a existência das condições humanas não eram produzidos pela espécie humana: alimentos (frutos silvestres), bebida (água) e abrigo (caverna). Os bens materiais necessários para garantir as condições de existência humana só depois de um longo período de grandes mutações chegaram ao ponto do quase total controle da produção tecnológica, da dominação da natureza e da exploração do homem pelo homem. Com o avanço do conhecimento e com as várias revoluções industriais que foram surgindo em várias partes do planeta e com a formação do sistema-mundo moderno/colonial, a capacidade de produção da espécie humana acabou definitivamente com a escassez, mas criou um paradoxo: ao mesmo tempo em que temos superprodução de alimentos, temos muita gente passando fome. Esse paradoxo se estabeleceu porque os sistemas econômicos da Modernidade existem para explorar o trabalho e a natureza em função do acúmulo de capital e riquezas e não para garantir a qualidade de vida para todos. A Modernidade e seu sistema econômico são sistemas de morte e não de vida, por isso vamos constatando que cada vez mais todas as formas de vida vão se tornando descartáveis.

ii – O controle do sexo, seus recursos e seus produtos- O controle do sexo e da reprodução sexual da espécie humana, ou seja, as relações entre os sexos e as correspondentes relações familiares e de parentescos, ao longo da história foi redefinido em torno de objetivos ou recursos de sobrevivência. No sistema-mundo moderno/colonial, o patriarcado e o machismo ajudaram a fortalecer o controle do sexo e a reprodução sexual, criando a heteronormatividade. Todavia, as relações intersexuais são anteriores ao processo civilizador moderno e não podem ser separadas de outras instâncias da vida humana, como as relações subjetivas da espécie com o universo, como as formas de prazer sexual, como as diversas orientações sexuais, como a procriação como necessidade subjetiva de sobrevivência e como a questão da transcendência no tempo (história) e da finitude (a morte e o sagrado).

iii – O controle da autoridade pública (coletiva), seus recursos e produtos; emerge como o modo de garantir as condições materiais de sobrevivência coletiva. O controle da autoridade coletiva, para Quijano (2003), refere-se à necessidade originária de organizar a confrontação com outras espécies e com os fenômenos da natureza com o objetivo de assegurar a sobrevivência. Como não se conhece nenhuma existência humana que não seja social, a autoridade pública ou coletiva (poder político) é parte constituinte da vida humana, tais como a comida, a bebida e o sexo.

iv – O controle da subjetividade/intersubjetividade, seus recursos e produtos. A subjetividade é um dos elementos centrais das relações entre as pessoas, e entre elas e a natureza. O que chamamos de subjetividade inclui as expectativas, os sonhos, a memória, as esperanças, as fantasias, o imaginário, os desejos e os conhecimentos. A subjetividade funciona de modo a outorgar sentido à experiência de vida de cada pessoa consigo mesma, com os outros e com a natureza. Portanto, a produção de sentido é um elemento vital do processo de especificação histórica e de sobrevivência entre os seres humanos e os demais seres vivos do planeta. Nesse sentido, controlar a subjetividade/intersubjetividade é controlar os sentidos da vida.

Cada uma dessas estruturas está, na sociedade capitalista, sob a hegemonia de uma instituição. O trabalho sob o controle da empresa capitalista, o sexo sob o controle da família patriarcal burguesa, a autoridade pública sob o controle do Estado-Nação e a subjetividade sob o controle da epistemologia eurocêntrica. Como corolário dessa estrutura, para Quijano (2002, p. 4), o atual padrão de poder mundial consiste na articulação da dominação por meio da ação conjunta e articulada:

I - Da **colonialidade de poder**, isto é, a ideia de raça como fundamento do padrão universal de classificação social básica e de dominação social. A colonialidade do poder é a tese de que a classificação da população a partir da ideia de raça e do racismo é um princípio organizador da acumulação do capital e dos diversos eixos de dominação (classe, gênero, raça e religião) da Modernidade. Assim, o racismo estrutural não é um epifenômeno ou uma estrutura derivada da lógica de acumulação de capital em escala mundial, mas parte estruturante e constitutiva da lógica de acumulação do capital.

II - Do **capitalismo**, como padrão universal de exploração social do trabalho. O capitalismo é um sistema que associa e articula em torno de si todos os modos historicamente conhecidos de exploração do trabalho (escravidão, servidão, trabalho análogo à escravidão, trabalho assalariado, trabalho cooperativo, trabalho informal, trabalho doméstico, etc.), em um único sistema de produção de mercadoria para o mercado mundial. Portanto, não se trata de um sistema baseado na relação de trabalho assalariado, como imagina o marxismo.

III - Do **Estado,** como forma central, universal, de controle da autoridade coletiva e do moderno Estado-Nação, como sua variante hegemônica.

IV - Do **eurocentrismo,** como forma hegemônica de controle da subjetividade/intersubjetividade, em particular, no modo de produzir conhecimento.

O atual padrão de dominação mundial ou de dominação globalizada é exercido pelo Bloco Imperial de Poder, formado: i – pelos Estados-Nação, mundialmente hegemônicos [G-8]; ii – por entidades intergovernamentais de controle e exercício da violência, como a Organização do Trabalho do Atlântico Norte (OTAN); iii – por entidades intergovernamentais e privadas de controle do fluxo de capitais, como o Fundo Monetário Internacional (FMI), Banco Mundial

(BM), Banco Interamericano de Desenvolvimento (BID), Clube de Paris; iv – e por grandes corporações transnacionais. Para Aníbal Quijano, esse bloco se constitui, virtualmente, em uma autoridade pública mundial, e, ainda que não seja um efetivo Estado mundial, trata-se de um governo mundial invisível que impõe uma redução crescente na autonomia dos demais países.

> Primeiro, porque suas decisões são impostas ao conjunto dos demais países e aos centros nevrálgicos das relações econômicas, políticas e culturais do mundo. Segundo, porque o fazem sem ter sido eleitos ou sequer designados, pelos demais Estados do mundo, dos quais não são, portanto, representantes, nem, em consequência, têm que consultá-los para suas decisões (QUIJANO, 2002, p. 11).

Assim, para Aníbal Quijano (2002), em nossa epocalidade, para manter o atual padrão de dominação mundial, o bloco imperial mundial

> [...] Necessita dos Estados locais para impor suas políticas em cada país. Desse modo, esses Estados locais estão sendo, uns, convertidos em estruturas institucionais de administração local de tais interesses mundiais e, os outros, tornando mais visível do que já vinham exercendo essas funções. Esse processo implica uma reprivatização local e global de tais estados, a fim de responder cada vez menos à representação política do conjunto dos setores sociais de cada país (QUIJANO, 2002, p. 11).

O giro decolonial ou um outro horizonte de sentido libertário na América Latina se expressa nas lutas contra o atual padrão mundial de poder. O poder, segundo Aníbal Quijano (2002), é um tipo de relação social constituído pela coexistência de três elementos: dominação, exploração e conflito. Ninguém explora ninguém se não domina.

Na América Latina, a sociedade não assiste passiva à iniciativa de construção da dominação, seja militar, econômica, política ou cultural, operada pelo atual padrão de poder mundial. A região é o nascedouro de redes de resistências que a caracteriza como um dos espaços mais fecundos em termos de lutas emancipatórias no mundo. A novidade, que vem se tornando cada vez mais visível, é o chamado giro decolonial ou luta emancipatória contra a colonialidade do poder, do ser e do saber.

O giro decolonial é fruto da insurgência de movimentos articulados por povos originários, negros, camponeses, mulheres, trabalhadores e intelectuais que se colocam numa perspectiva de construção de uma nova sociedade, de um novo saber, cuja ação política vem provocando fissuras no padrão de poder dominante ao defender uma nova institucionalidade: o Estado Plurinacional e um novo padrão civilizatório baseado no valor de uso e na racionalidade do bem viver.

O uso de categorias como colonialidade do poder e decolonialidade é útil no processo de interpelação das afirmações políticas e acadêmicas que sustentam que a divisão internacional do trabalho e a hierarquização étnico-racial das populações, construídas durante vários séculos de expansão colonial capitalista, transformaram-se, significativamente, com o fim do colonialismo na segunda metade do século XX.

A colonialidade do poder é um conceito que dá conta de um dos elementos fundantes do atual padrão de poder mundial, pois se refere a uma dominação por meios não exclusivamente coercitivos ou de repressão física, e, embora tenha sido construída em concomitância com o processo de colonização, não foi neutralizada ou barrada com o processo de emancipação política dos territórios periféricos em relação à metrópole e sua visão de mundo. Nesse sentido, a luta contra a colonialidade do poder é uma contenda pela decolonialidade.

Como nos recorda Rita Segato, a corrente de pensamento que se aglutina e se constela em torno da categoria da colonialidade do poder, formulada por Aníbal Quijano:

> Parte de uma proposição que se encontra difusamente presente em toda sua obra a partir desse momento e que inverte a ordem de procedência de um imaginário histórico solidificado: a ideia, sinteticamente anunciada, de que a América inventa a Europa, não somente nos conhecidos sentidos de que os metais preciosos extraídos da América foram a base de acumulação do capital, ou de que a conquisita da América fora o primeiro momento de formação do mercado mundial. A América, o Novo Mundo, surge como o espaço do novo, a novidade americana desloca a tradição na Europa e funda o espírito da modernidade como orientação para o futuro (2021, p. 54).

O conceito de decolonialidade parte do pressuposto de que o capitalismo global contemporâneo, inclusive a sua versão pós-moderna ou celebratória, como classifica Boaventura de Souza Santos, ressignifica as exclusões provocadas pelas hierarquias epistêmicas, espirituais, raciais, étnicas e de gênero empregadas pela modernidade ocidental. Para Santiago Castro-Gómez (2007), no final do século XX, iniciou-se uma transição do colonialismo moderno para a colonialidade do poder global.

Assim, na realidade que inaugura o século XXI, parte significativa dos movimentos sociais latino-americanos se insurge a favor de uma virada ou giro decolonial que se dirige contra as hierarquias das múltiplas relações raciais, étnicas, sexuais, epistemológicas e de gênero que a Modernidade deixou intactas. O processo de resistência, que aqui chamamos de descolonialidade do poder, é um processo de longo prazo, que não pode ser reduzido a um acontecimento jurídico-político. É uma luta pela emancipação em relação ao sistema-mundo euro-norte-americano capitalista/patriarcal moderno/colonial.

Para Walter Mignolo (2008), todo giro decolonial é inerente a uma ação de desobediência política e epistêmica. Uma desobediência política ou civil [não racista, não homofóbica e não patriarcal] desvinculada de uma desobediência epistêmica continuará presa aos paradigmas determinados pela teoria política e econômica do eurocentrismo moderno. Para ele, duas são as teses que compõem o pilar da opção decolonial: i – identidade na política [não política de identidade] é um movimento necessário de pensamento e ação com o objetivo de romper as amarras da teoria política moderna que, desde Maquiavel, é racista e patriarcal, pois nega o protagonismo político às pessoas classificadas como inferiores em termos de gênero, raça, sexualidade e posse de riquezas; ii – a opção decolonial é epistêmica, porque se desvincula dos fundamentos que permitiram a acumulação de conhecimento da racionalidade instrumental ocidental moderna. A opção decolonial significa, entre outras coisas, aprender a desaprender. Trata-se de uma desobediência epistemológica, visto que, aos inferiores, também foram negados o agenciamento e o protagonismo epistêmico.

Até o momento, nosso esforço reflexivo foi no sentido de explicitar nossas categorias conceituais de interpretação sobre a conjuntura política latino-americana e de tornar claro que nos colocamos no campo de conhecimento, que se posiciona como práxis[3], numa perspectiva de um processo emancipatório que passa pela descolonialidade do poder rumo à construção de uma sociedade pós-capitalista. A partir de agora, passaremos para o campo da factibilidade, no qual acontecem, verdadeiramente, as chamadas lutas emancipatórias.

---

3 Para Mignolo (2008, p. 290 - 1), o "pensamento decolonial significa também o fazer decolonial, já que a distinção moderna entre teoria e prática não se aplica quando você entra no campo do pensamento da fronteira e nos projetos decoloniais; quando você entra no campo do Quichu e Quechua, Aymara e Tojolobal, Árabe e Bengali, etc. Categorias de pensamento confrontadas, claro, com a expansão implacável dos fundamentos do conhecimento do ocidente (ou seja, latim, grego, etc.), digamos, epistemologia. Uma das realizações da razão imperial foi a de afirmar-se como uma identidade superior ao construir construtos inferiores [raciais, nacionais, religiosos, sexuais, de gênero], e de expeli-los para fora da esfera normativa do real".

4
O pensamento decolonial: um paradigma outro

O pensamento decolonial não busca se consolidar como um novo paradigma teórico de pensamento, como o pós-estruturalismo, os estudos pós-coloniais, os estudos culturais e os estudos subalternos, mas tem como pretensão questionar os critérios epistêmicos da produção acadêmica eurocentrada e articulada ao eurocentrismo e à Modernidade. Confirme explica Catherine Walsh,

> Com a instalação do que Aníbal Quijano chamou de Colonialidade do Poder, nessas terras de Abya Yala começou um sistema de classificação de superior a inferior dos seres humanos, saberes, visões, modos e práticas de vida. A partir das ideias de raça, gênero e natureza, e como parte de um projeto civilizador, eurocêntrico e cristão cujo eixo – o coração – tem sido – e

> todavia ração é – o Capital. Assim, se estabeleceu uma só maneira de entender o conhecimento: a partir da razão eurocêntrica, fixando pressuposto sobre quem poderia pensar, raciocinar e produzir conhecimentos (o homem banco europeu). De maneira similar, se classificou como bárbaro, selvagem e não civilizado as formas originárias indígenas e africanas de conceber a natureza como o entrelaçamento integral dos seres (humanos e não humanos, tangíveis e não tangíveis, vivos e mortos), territórios, espiritualidade e cosmo/existência/vida. Se impôs o antropocentrismo do homem sobre a natureza e, com ele, se naturaliza ou o direito de seu uso e exploração. A decolonialidade começa no mesmo momento da colonialidade, como maneira de não somente resistir, mas manter e (re) construir (2020, p. 142).

O pensamento decolonial pretende consolidar um conhecimento não eurocêntrico a partir das diferenças coloniais. Como ressalta Walter Mignolo (2003, p. 17): "o que se busca não é somente mudar os conteúdos, mas também os termos e as condições de conversação". É diante da herança colonial que surge a necessidade de paradigmas outros, e não de novos paradigmas inscritos no projeto de Modernidade, sejam eles colonizadores ou emancipadores.

A crítica ao eurocentrismo, a partir do pensamento decolonial, passa pelo reconhecimento de que todo conhecimento é um conhecimento situado historicamente, corporal e geopolítico. A pretensão eurocêntrica de um conhecimento sem sujeito, sem história, sem relações de poder, um conhecimento sem lugar, descorporizado e deslocalizado, é profundamente questionada pelo pensamento decolonial, pela sua pretensão de ser um olhar de Deus/revelação ou a *hibrys do ponto zero*, como identifica o filósofo colombiano Santiago Castro-Gómez (2010).

Em oposição a essa pretensão, o pensamento decolonial se pensa como um paradigma outro, que leva em consideração a geopolítica e o corpo-político do conhecimento, isto é, a situacionalidade, a geoistória e a corporalização que articula a produção do conhecimento. Um conhecimento situado especificamente a partir da diferença colonial é o que constitui o pensamento decolonial como paradigma outro e não um novo paradigma. Como registra Carla Akotirene,

> O desafio imposto às epistemologias africanas é desaprovar, publicamente, teorias diaspóricas negras, onde os conceitos feministas e os estudos de gênero estejam pautados em categorias ocidentais, confeccionadas de forma simplista, binária e de família nuclear, em que o macho é sempre superior (AKOTIRENE, 2021, p. 80).

Mignolo chama de paradigma outro

> [...] a diversidade de formas críticas de pensamento analítico e de projetos futuros assentados sobre as histórias marcadas pela colonialidade mais do que aquelas, até agora dominantes, assentadas sobre as histórias e experiências da modernidade (2003, p. 20).

Como forma crítica de pensamento analítico que pode ser enquadrada como paradigma outro está a interseccionalidade, como uma matriz epistêmica produzida pelas feministas negras. Segundo Carla Akotirene,

> Frequentemente e por engano, pensamos que a interseccionalidade é apenas sobre múltiplas identidades,

> no entanto, a interseccionalidade é, antes de tudo, uma lente analítica sobre a interação estrutural em seus efeitos políticos e legais. A interseccionalidade nos mostra como e quando mulheres negras são discriminadas e estão mais vezes posicionadas em avenidas indenitárias, que farão delas vulneráveis à colisão das estruturas e fluxos modernos (AKOTIRENE, 2021, p. 63).

Walter Mignolo (2003, p. 20) descreve um conjunto de características com o objetivo de tornar mais claro e palatável o que ele entende por pensamento decolonial como um paradigma outro:

> [...] um paradigma outro é diverso, não tem um ator de referência, uma origem comum. O que o paradigma outro tem em comum é o conector, o que comparte quem tem vivido ou aprendido no corpo ou trauma, a inconsciente falta de respeito, a ignorância de como se sente no corpo o desprezo que os valores de progresso, bem-estar, tem imposto à maioria dos habitantes do planeta, que nesse momento, tem que reaprender a ser;
>
> Um paradigma outro é, em última instância, o nome que conecta formas críticas de pensamento emergente e cuja emergência foi gerada pelo elemento comum: a expansão imperial/colonial desde o século XVI até hoje;
>
> Um paradigma outro é, em última instância, o pensamento crítico e utopístico que se articula em todos agentes e lugares nos quais a expansão imperial/colonial lhe nega a possibilidade de razão, de pensamento e de pensar o futuro. Ele não pode se reduzir a um paradigma do mestre, a um novo paradigma que se apresente como a nova verdade. A hegemonia de um

> paradigma outro será, utopisticamente, a hegemonia da diversidade, isto é, da diversidade como projeto universal e não de um novo universal abstrato.
>
> Um paradigma outro surge do esgotamento do Projeto de Modernidade; um paradigma outro surge dos movimentos indígenas na América Latina, no levantamento dos Zapatista no México, na história do colonialismo a partir da perspectiva dos autores que o viveram nas colônias (criolos, mestiços, indígenas ou afro-americanos), como os seus equivalentes na África e na Ásia. Estes lugares (de histórias, de memória, de dor, de línguas e saberes diversos) já não são lugares de estudo, mas lugares de pensamento onde se geraram e se geram as epistemologias fronteiriças; um paradigma outro não é um paradigma de transição, mas um paradigma de disrupção.
>
> Em suma, um paradigma outro, em sua diversidade planetária, está conectado por uma experiência histórica comum: o colonialismo, e por um princípio epistêmico que tem marcado todas as suas histórias: o horizonte colonial da modernidade. Isto é, a lógica imposta pela colonialidade do poder (MIGNOLO, 2003, p. 20).

Para Mignolo, há duas formas fundamentais de criticar a Modernidade: uma, a partir das histórias e legados coloniais (pós-colonialismo, pós-ocidentalismo e pós-orientalismo); e outra, a partir dos limites das narrativas da história ocidental (pós-moderna).

Um paradigma outro é uma noção elaborada em torno dos conceitos de colonialidade do poder (Quijano), transmodernidade (Dussel) e epistemologia fronteiriça (Mignolo). Ele não é uma unidade, mas um conjunto de projetos locais que têm em comum a crítica a partir da colonialidade do poder, do ser e do saber. São projetos que surgem da consciência crítica de que os conflitos na Modernidade não são apenas conflitos de diferenças culturais, mas de diferenças coloniais. Assim afirma Walter Mignolo:

> A diferença colonial ou as diferenças coloniais foram mascaradas e vendidas como diferenças culturais para ocultar a diferença de poder [...] O paradigma outro a que estou me referindo tem isto em comum: pensar a partir e desde a diferença colonial. Não transformar a diferença colonial em objeto de estudo a partir da perspectiva epistêmica da Modernidade, mas pensar a partir da dor da diferença colonial; a partir do grito do sujeito subalterno (MIGNOLO, 2003, p. 27).

Para compreender a complexidade do debate sobre a crítica da Modernidade, Mignolo distingue vários conceitos: i – razão pós-colonial; ii – razão pós-ocidental; iii – condição pós-colonial; e iv – razão subalterna, da seguinte forma:

i - A razão pós-colonial é identificada como sendo a crítica e a teoria utilizadas por críticos e intelectuais que, escrevendo em inglês, ficaram limitados ao cenário geopolítico do império britânico, de suas ex-colônias (Austrália, Nova Zelândia e Índia) e entrincheirados na lógica da Modernidade.

ii - A razão pós-ocidental é mais ampla e inclui as Américas, o Caribe, a África do Norte e a África Subsaariana, que são excluídos das referências dos intelectuais pós-coloniais. A razão pós-ocidental expressa, de forma mais adequada, o cenário geoistórico que Mignolo tenta articular, e compreende o cenário que se estende do império espanhol, após o século XVI, até a emergência dos EUA como novo poder colonial no final do século XIX.

iii - A condição pós-colonial, para Mignolo, refere-se às configurações socioistóricas que emergiram dos povos que obtiveram a independência ou emancipação política em relação aos poderes coloniais e imperiais ocidentais. Pós-colonial é sinônimo de neocolonial, processo de construção de uma nação após a independência colonial. O neocolonialismo é o contexto político e econômico no qual se pôs fim ao colonialismo, ao domínio interno por parte de uma nação estrangeira, mas não à colonialidade do poder. A expressão pós-colonial, para Mignolo (2003), é ambígua, perigosa, confusa, limitada e empregada inconscientemente:

> É ambígua quando usada para se referir a situações socioistóricas ligadas à expansão colonial e à descolonização através do tempo e do espaço. Por exemplo, a Argélia, os EUA e o Brasil do século XIX são todos citados como países pós-coloniais. É perigoso quando usado como uma direção teórica a mais e se torna uma tendência dominante contra as práticas contrárias adotadas por "gente de cor", intelectuais do Terceiro Mundo ou grupos étnicos no interior das academias. É confusa quando hibridez, mestiçagem, entrelugar e expressões equivalentes tornam-se objeto de reflexão e crítica de teorias pós-coloniais, pois sugerem uma descontinuidade entre a configuração colonial do objeto ou sujeito de estudo e a posição pós-colonial do lócus de teorização. É limitada e empregada inconscientemente quando isolada das condições de emergência. Por exemplo, como representante da literatura do Terceiro Mundo (MIGNOLO, 2003, p. 137-138).

A pós-colonialidade está entranhada em cada história local e é o conectivo de inserção da diversidade das histórias locais num projeto universal, o que permite o deslocamento do universal abstrato de uma história local imperial. Além da crítica ao eurocentrismo e ao ocidentalismo, uma das principais contribuições da pós-colonialidade foi recolocar a proporção entre as localizações geoistóricas e a produção do conhecimento.

Para Mignolo (2003, p. 137), o reordenamento da geopolítica do conhecimento se manifesta em duas direções diferentes e complementares: na crítica à subalternização, a partir dos saberes e perspectivas dos subalternos, e na emergência do pensamento fronteiriço como nova modalidade epistêmica na interseção da tradição ocidental com a diversidade de categorias suprimidas sob o ocidentalismo como lócus de enunciação.

Assim, a partir de Mignolo (2003), entende-se que:

> iv - A razão subalterna é o termo que abre o contramoderno como o espaço da controvérsia desde o início da expansão ocidental das Américas, possibilitando contestar o espaço intelectual da Modernidade e a instituição de uma ordem mundial na qual se inscreviam como entidades naturais o Ocidente e o Oriente, o civilizado e o bárbaro.

Como um dos exemplos de razão subalterna, Mignolo cita a obra "Nueva crónica y buen gobierno", escrita em 1615 por Felipe Guamán Poma de Ayala, cronista e intelectual indígena de ascendência inca da época do Vice-Reino do Peru, na qual ele registra e denuncia as violências cometidas por espanhóis e religiosos contra a população originária e argumenta sobre como deveria ser praticado um bom governo.

A razão subalterna, portanto, precede as situações e condições pós-coloniais e neocoloniais e coexiste com elas. Ela é uma resposta à necessidade de se repensar e reconceitualizar as histórias narradas e à conceitualização hegemônica eurocêntrica, que tem como objetivo dividir o mundo entre regiões e povos cristãos e pagãos, civilizados e bárbaros, desenvolvidos e subdesenvolvidos, democráticos e não democráticos, modernos e pré-modernos.

A razão subalterna, segundo Mignolo:

> [...] nutre e é nutrida por uma prática teórica estimulada por movimentos de descolonização após a Segunda Guerra Mundial, que em seu início tinha pouco a ver com empreendimentos acadêmicos (Césaire, Amílcar Cabral, Fanon) e tinha em seu centro a questão da raça (MIGNOLO, 2003, p. 143).

A razão subalterna, em relação à distribuição geopolítica do conhecimento, poderia ser explicada pelas diferenças coloniais e pelas histórias críticas locais, ou seja, pela presença constante da colonialidade do poder no mundo colonial moderno. A colonialidade do poder, após o processo de globalização, foi convertida em colonialidade global.

A geografia do conhecimento é descrita por Mignolo (2008, p. 13) como uma ruptura espacial contraposta à ruptura epistêmica temporal na história do pensamento e da ciência euro-estadunidense. Ela foi introduzida no pensamento decolonial por duas razões: para analisar as relações epistêmicas de poder entrelaçadas nas relações políticas e econômicas entre os impérios europeus e o resto do mundo e para legitimar conhecimentos em conflitos com a plataforma epistêmica eurocentrada, que, embora não possa prescindir dela, tampouco pode se ajustar a ela. Dessa tensão, surge o pensamento fronteiriço como método da ação decolonial ou giro decolonial.

5

O pensamento decolonial e outros enfoques teóricos

Entender a diferença entre o pensamento decolonial e o campo dos chamados estudos pós-coloniais é de fundamental importância na compreensão do que eles têm em comum, de diferente, quais os seus alcances, limites e os diálogos possíveis entre ambos. O encontro da chamada rede Modernidade/colonialidade, ocorrido em novembro de 1998, em Duke University, organizado por Walter Mignolo, marcou uma mudança entre o pensamento decolonial e outros enfoques dos chamados estudos pós-coloniais.

Com base na produção teórica e reflexões produzidas no encontro de novembro de 1998 e nas contribuições de Santiago Castro-Gómez, a partir de seu livro "A pós-colonialidade explicada às crianças" (2021), vamos apresentar de uma forma esquemática uma distinção entre o pensamento decolonial e outros enfoques teóricos, demonstrando as distinções em termos de projetos intelectuais e políticos, já que o que está em jogo não são as denominações, mas as distintas genealogias, as trajetórias, as agendas e os confrontos epistemológicos.

5.1 A diferença entre o pensamento decolonial e a teoria pós-colonial

Considerado por alguns como fundamento para os estudos sobre a época colonial na América Latina, o colonialismo estudado pela teoria pós-colonial tem como referência o modelo de colonialismo praticado pela Europa quando a Inglaterra ocupava a condição de império do sistema-mundo moderno/colonial, ou seja, depois do processo de colonização exercido pela Espanha e Portugal nas Américas.

São três os principais aspectos de diferenciação entre o pensamento decolonial e a teoria pós-colonial:

Primeiro: a distinção entre colonialismo e colonialidade. O pensamento decolonial opera dentro do espaço de problematização aberto pela colonialidade, enquanto que os estudos pós-coloniais operam dentro do espaço constituído pelo colonialismo. Para a teoria pós-colonial, o colonialismo continua tendo efeitos estruturantes nas subjetividades, nas corporalidades, na produção de conhecimento e nas práticas sociais.

Segundo: as experiências históricas e os focos de enunciação são diferentes. O pensamento decolonial é a diferença colonial que remonta à colonização da América Latina e Caribe pelas primeiras potências europeias [Espanha e Portugal], entre os séculos XVI e XVII, no contexto da Primeira Modernidade. Os conceitos de Primeira e Segunda Modernidade são elaborados por Enrique Dussel (1993). Já o foco dos estudos pós-coloniais se refere à colonização da Ásia e da África do século XVIII e XIX por parte das potências do Norte Europeu [França, Inglaterra e Alemanha] no contexto da Segunda Modernidade [Modernidade Iluminista]. Em síntese, afirma Mignolo (2005, p. 65): "os estudos pós-coloniais apresentam dois limites: seu exemplo paradigmático é o império britânico na Índia e lhe falta a distinção entre colonialismo e colonialidade".

Terceiro: o pensamento decolonial se diferencia da teoria pós-colonial na medida em que a genealogia dessa se localiza no pós-estruturalismo francês, e não na densa história do pensamento planetário decolonial.

Essas distinções não significam que não se pode traçar certas confluências entre os dois pensamentos. Uma das mais óbvias é a preocupação de como certas relações de poder associadas às experiências históricas da sujeição colonial têm implicações em nosso presente, tanto dos grupos que foram submetidos ao domínio colonial como aqueles que operam como colonizadores.

A obra "Orientalismo: o Oriente como invenção do Ocidente", de Edward Said, constituiu-se num referente fundacional dos estudos da teoria pós-colonial, ainda que autores anteriores, como Frantz Fanon [autor de "Os condenados da terra"], sejam redescobertos e incorporados em suas genealogias. Os autores mais conhecidos e identificados com os estudos pós-coloniais ou teoria pós-colonial são Homi Bhabha e Gayatri Spivak.

5.2 A diferença entre o pensamento decolonial e os estudos culturais

Os estudos culturais têm origem na Inglaterra, com o trabalho de Stuart Hall, e examinam as relações entre cultura e poder. Os estudos culturais lidam com as mudanças nos conceitos de identidade e de sujeito, para esse campo de estudo, as identidades modernas estão sendo descentralizadas, ou seja, fragmentadas em suas paisagens culturais de classe, gênero, sexualidade, etnia, raça e sexualidade, o que provoca a descentralização do sujeito.

A versão latino-americana dos estudos culturais emergiu no horizonte com os trabalhos de Néstor Garcia Canclini [seguidor das teorias de Pierre Bourdieu] e de Jésus Martin Barbero [seguidor da Escola de Frankfurt – estudos sobre os meios de comunicações]. Os dois enfocam, em seus estudos, os meios de comunicações, a cidade e as transformações tecnológicas na América Latina. Tanto Canclini como Barbero têm como perspectiva a Modernidade a ser construída ou concretizada na realidade periférica da América Latina.

O pensamento decolonial se situa num cenário diferente dos estudos culturais, ele se coloca no questionamento radical do lado obscuro da Modernidade: a colonialidade do poder. Walter Mignolo assinala que a diferença entre o marco teórico dos estudos culturais e o pensamento decolonial é que aquele assume o lado da Modernidade [uma modernidade periférica] e esse se constitui pela ferida colonial e pela diferença colonial.

5.3 A diferença entre o pensamento decolonial e os estudos subalternos

Os estudos da subalternidade remontam ao trabalho de um grupo de estudiosos da Índia que levantaram questionamentos às vertentes dominantes da historiografia elitista sobre seus países, tanto sobre a ideia de colônia como a de nacionalismo.

Os estudos sobre a subalternidade levantam questões e problematizações fundamentais sobre as fontes teóricas de interpretação histórica, de representação do subalterno e sobre os limites da historiografia que atravessam a experiência colonial e pós-colonial da Índia. Os estudos sobre a subalternidade foram influenciados inicialmente por Gramsci e, posteriormente, pelos pós-estruturalistas.

O pensamento decolonial compartilha com o grupo de estudos subalternos o fato de produzir conhecimento a partir da ferida colonial, ou seja, a partir do lugar de exterioridade constitutiva da Modernidade. Para Walter Mignolo (2005),

> [...] uma distinção epistêmica e geopolítica deve ser realizada entre o projeto dos estudos da subalternidade e o projeto dos estudos pós-coloniais. O primeiro tem origem do impulso e da fúria da ferida colonial, o segundo do impulso e das condições da academia ocidental e o concomitante mercado de publicações (MIGNOLO, 2005, p. 49).

A distinção ou equivalência entre o pensamento decolonial e os estudos das subalternidades radica em como eles enfrentam sua relação com a subalternidade colonial. Não obstante, os estudos da subalternidade possuem especificidades em termos de problemática e trajetória que podem confluir, porém não se superpõem com o pensamento decolonial.

Na América Latina, a rede de pensadores conhecida como modernidade/colonialidade foi composta por intelectuais que, primeiramente, participaram da tentativa de formação do Grupo Latino Americano de Estudos Subalternos, que chegou até mesmo a lançar um "Manifesto Inaugural", no qual afirmaram que o grupo era um projeto similar ao grupo do sul asiático dirigido por Ranajif Guha, mas em pouco tempo, por divergências teóricas, o grupo se acabou, dando origem à rede Modernidade/colonialidade.

A rede decolonial Modernidade/colonialidade herda do grupo de estudos subalternos o fato de ter como pretensão produzir seus conhecimentos teóricos a partir da ferida colonial ou da diferença colonial e a partir da exterioridade constitutiva da Modernidade.

5.4 A diferença entre o pensamento decolonial e o marxismo

O pensamento decolonial toma distância crítica das três narrativas ideológicas da Modernidade: o cristianismo, o liberalismo e o marxismo.

O marxismo, apesar das suas críticas acertadas e profundas ao modo de produção capitalista, está, segundo o pensamento decolonial, atrelado ao eurocentrismo, e, ao fazer da luta de classes uma categoria analítica central, extrapola e universaliza uma experiência histórica que é europeia (localizada, provinciana) para o resto do mundo, desconsiderando a questão de raça como elemento central na articulação do modo de produção capitalista fora da Europa.

Ressalta Walter Mignolo que, dado que a teoria decolonial e a política europeia se expandiram e conquistaram o mundo, é evidente que as ferramentas que Marx ofereceu em suas análises do capital são úteis fora da Europa. Todavia, a subjetividade e o conhecimento no mundo colonial são tão importantes como diferentes e divergentes das experiências europeias.

O pensamento decolonial se apoia na ideia da raça como instrumento de classificação social da Modernidade e, desde logo, também na exploração de classes, no sentido que a categoria classe adquiriu na Europa depois da Revolução Industrial. Nas colônias, os trabalhadores são sujeitos de cor.

Portanto, o pensamento decolonial se recusa a ser subsumido dentro do marxismo. Sendo o giro decolonial um projeto que busca a superação da colonialidade do poder, como um dos lados constituintes da Modernidade, o marxismo, como projeto moderno, é que deveria ser subsumido, diluído no pensamento decolonial, e não o inverso. Todavia, há quem aposte num diálogo fecundo entre a razão decolonial e o marxismo. Alguns já falam abertamente num pensamento marxista decolonial. Um dos estudiosos do marxismo mais respeitados no mundo é Enrique Dussel, que afirma ser a sua Filosofia da Libertação a base de fundamento do pensamento decolonial.

6
O privilégio epistêmico eurocêntrico

O privilégio epistêmico eurocêntrico ou do homem ocidental moderno foi construído, segundo Ramón Grosfoguel, à custa dos genocídios/epistemicídios dos sujeitos coloniais. Para ele, a hegemonia das teorias eurocentradas que reproduzem as universidades ocidentais é resultado de quatro genocídios/epistemicídios ocorridos ao longo do século XVI: i – contra a população muçulmana e judia, na conquista de Al- Andalus; ii – contra os povos originários, na conquista das Américas; iii – contra os africanos, raptados de seus territórios e escravizados nas Américas; iv – contra as mulheres, queimadas vivas e acusadas de bruxaria na Europa. Segundo Grosfoguel,

> O privilégio epistêmico dos homens ocidentais sobre o conhecimento produzido por outros corpos políticos e geopolíticos do conhecimento tem gerado não somente injustiça cognitiva; senão que tem sido um dos mecanismos usados para privilegiar projetos imperiais/

> colonialis/patriarcais no mundo. A inferiorização dos conhecimentos produzidos por homens e mulheres de todo o planeta [incluindo as mulheres ocidentais] tem dotado os homens ocidentais do privilégio epistêmico de definir o que é verdade, o que é a realidade e o que é melhor para os demais. Essa legitimidade e esse monopólio do conhecimento dos homens ocidentais têm gerado estruturas e instituições que produzem o racismo/sexismo epistêmico, desqualificando outros conhecimentos e outras vozes críticas frente aos projetos críticos frente aos projetos imperiais/coloniais/patriarcais que regem o sistema-mundo/coloniais/patriarcais que regem o sistema-mundo (2016, p. 25).

Para o pensamento decolonial, os nossos conhecimentos são sempre situados e localizados, segundo Grosfoguel,

> [...] falamos sempre a partir de um determinado lugar situado as estruturas de poder. Ninguém escapa às hierarquias de classe, sexuais, de gênero, espirituais, linguísticas, geográficas e raciais do sistema-mundo patriarcal/capitalista/colonial/moderno (2010, p. 459).

Tal questão tem a ver com o lugar geopolítico e corpo político do sujeito que fala[4] (o lócus da enunciação), e não com valores

4 Diz Ramón Grosfoguel (2010, p. 459): "é importante distinguir lugar epistêmico e lugar social. O fato de alguém se situar socialmente no lado oprimido das relações de poder não significa automaticamente que pense epistemologicamente a partir de um lugar epistêmico subalterno. Justamente, o êxito do sistema-mundo colonial moderno reside em levar os sujeitos socialmente situados do lado oprimido das diferenças coloniais a pensar epistemologicamente como aqueles que encontram em posições dominantes. As perspectivas epistêmicas subalternas são

sociais na produção do conhecimento ou com o fato de nosso conhecimento ser sempre parcial. Na filosofia e nas ciências sociais ocidentais, aquele que fala está sempre escondido, oculto, apagado da análise dita como objetiva e rigorosa, porque é produzida a partir de uma metodologia científica. Diante dessa constatação, diz Ramón Grosfoguel,

> Ao quebrar a ligação entre sujeito da enunciação e o lugar epistêmico étnico-racial/sexual/de gênero, a Filosofia e as Ciências Ocidentais conseguiram gerar um mito sobre um conhecimento universal verdadeiro que encobre, isto é, que oculta não só aquele que fala como também o lugar epistêmico geopolítico e corpo-político das estruturas de poder/conhecimento colonial, a partir do qual o sujeito se pronuncia [...] Ao esconder o lugar do sujeito da enunciação, a dominação e a expansão coloniais europeias/euro-americanas conseguiram construir por todo o globo uma hierarquia de conhecimento superior e inferior e, consequentemente, de povos superiores e inferiores [...] Passamos da caracterização de povos sem escrita do século XVI, para a dos povos sem história dos séculos XVIII e XIX, povos sem desenvolvimento do século XX e, mais recentemente, povos sem democracia do século XXI (2010, p. 459-60).

Para Grosfoguel, os estudos sobre globalização, economia política e de análise do sistema-mundo continuam produzindo conhecimentos a partir da matriz epistêmica da colonialidade do poder, seus conceitos precisam ser descolonizados, e tal fato só é possível

---

uma forma de conhecimento, que vindo de baixo, origina uma perspectiva crítica do conhecimento hegemônico as relações de poder envolvidos".

por meio de uma epistemologia que assuma uma geopolítica e um corpo-político decolonial. Para ele, a descolonialidade epistêmica do pensamento tem que levar em consideração três aspectos:

> 1 – uma perspectiva epistêmica de descolonialidade exige um cânone de pensamento mais amplo do que o cânone ocidental (incluindo o cânone de esquerda);
>
> 2 – uma perspectiva de descolonialidade verdadeiramente universal não pode se basear num universal abstrato (num particular que ascende a desenho ou desígnio universal global), antes teria de ser o resultado de um diálogo crítico entre diversos projetos críticos políticos/epistêmico, apontados a um mundo pluriversal, e não um mundo universal;
>
> 3 – a descolonialidade do conhecimento exige levar a sério a perspectiva/cosmologias/visões de pensadores críticos do Sul global, que pensam com e a partir de corpos e lugares etnicorraciais/sexuais subalternos. Enquanto projetos epistemológicos, o pós-modernismo e o pós-estruturalismo se encontram aprisionados no interior do cânone ocidental, reproduzindo, dentro de seus domínios de pensamentos e prática, uma determinada forma de colonialidade de poder e conhecimento (2010, p. 457).

Sem a globalização das universidades ocidentalizadas, teria sido muito difícil para o sistema-mundo reproduzir suas múltiplas hierarquias de dominação e exploração global. Assim, para descolonizar as estruturas de conhecimento das universidades ocidentalizadas, para Grosfoguel, entre outras coisas, será preciso o

> [...] i – reconhecimento do provincialismo e do racismo/sexismo epistêmico que constituem a estrutura fundamental de um genocídio/epistemicídios pelo projeto colonial e patriarcal do século XVI; ii – rompimento com o universalismo, em que um (*uni*) decide pelos outros, a saber, a epistemologia ocidental; iii – encaminhamento da diversidade epistêmica para o cânone do pensamento, criando o pluralismo de sentidos e conceitos, em que a conversação interepistêmica, entre muitas tradições epistemológicas, produz novas determinações para velhos conceitos e cria novos conceitos plurais com muitos decidindo por muitos [pluriversal], em lugar de um definir por outros [universal] (2016a, p. 46).

Para Ramón Grosfoguel, em nossa epocalidade passamos do colonialismo global à colonialidade global. Nesse contexto, descolonizar as esquerdas ocidentalizadas para nos mover em direção a uma esquerda decolonial global implicaria

> Abrir-se à diversidade epistêmica do mundo, ao pluriversalismo. Já não poderíamos reproduzir o projeto de socialismo do século XX, no qual uma epistemologia, nesse caso a ideologia eurocêntrica como o marxismo-leninismo, se constitui como o referente conceitual e global/imperial universal vivo da esquerda. Teríamos que nos abrir ao diálogo interepistêmico e conceber o projeto de esquerda como transmorderno, descolonial com sentido pluriversos, no qual, a partir de diversas epistemologias e cosmologias formularíamos projetos diversos de esquerda. O que os uniria e serviria como muro de contestações contra o relativismo de tudo vale, seria um universalismo negativo comum:

> anti-imperialista, anticapitalista, antipatriarcal, anticolonial. E isso está acontecendo em diversas partes do planeta (2012, p. 355).

Todo processo de decolonização política (não racista e não heterossexualmente patriarcal) deve suscitar uma desobediência política e epistêmica. Assim sendo, a identidade na política, e não uma política de identidade, é um movimento necessário de pensamento e ação no sentido de romper com as grandes teorias políticas da Modernidade: Maquiavel, Hobbes, Locke, Rousseau, Montesquieu, Tocqueville, Weber e outros, pois, segundo Walter Mignolo (2008), elas ocultam, em suas teses, a colonialidade do poder.

A desobediência política sem a desobediência epistêmica permanece sob o controle da racionalidade da teoria política e da economia política eurocentrada, como, por exemplo, a Revolução Russa e o Movimento Civil liderado por Mahatma Ghandi e Martin Luther King. A identidade na política é crucial para opção decolonial na formulação de Mignolo, pois, para ele:

> [...] a opção descolonial é epistêmica, ou seja, ela se desvincula dos fundamentos dos conceitos ocidentais e da acumulação de conhecimento. Por desvinculamento epistêmico não quero dizer abandono ou ignorância do que já foi institucionalizado por todo planeta (2008, p. 290).

A política de identidade opera na suposição de que as identidades entre as comunidades marginalizadas por razões raciais, de gênero e sexuais são as que merecem ser reconhecidas. Todavia, ela não se compromete em nível de Estado e permanece na esfera da sociedade civil. A identidade na política, ao contrário, desliga-se da jaula de ferro dos partidos políticos, como tem sido estabelecido pela teoria política moderna colonial eurocentrada. Trata-se da inscrição da identidade na política. A opção decolonial alimenta o pensamento decolonial ao imaginar um mundo no qual muitos mundos podem coexistir. Assim, para Mignolo,

> O Estado plurinacional que já está bem avançado na Bolívia e no Equador é uma das consequências da identidade em política fraturando a teoria política na qual o Estado moderno e mono-tópico foi fundado e perpetuado sob a ilusão de que era um estado neutro, objetivo e democrático separado da identidade em política. Brancura e teoria política, em outras palavras, são transparentes, neutras e objetivas, enquanto que cores e teoria política são essencialistas e fundamentalistas. A opção descolonial desqualifica essa interpretação. Ao ligar a decolonialidade com a identidade em política, a opção descolonial revela a identidade escondida sob a pretensão de teorias democráticas universais ao mesmo tempo em que constrói identidades racializadas que foram erguidas pela hegemonia das categorias de pensamentos, histórias e experiências do ocidente [mais uma vez, fundamentos gregos e latinos de razão moderna/imperial] (2008, p. 297).

Os conceitos na história da filosofia europeia são monotípicos e universais, já os conceitos elaborados nos processos de pensamento decolonial são pluritópicos e pluriversais. Essa diferença acontece, segundo Walter Mignolo (2008), porque a ferida colonial foi diversificada por todo o mundo: entre povos indígenas das Américas, Austrália e Nova Zelândia; entre os negros da África Subsaariana e das Américas; entre árabes e os berberes da África do Norte e Oriente Médio, e até entre chineses, japoneses e russos teve-se que lidar com a cosmovisão monotópica da civilização ocidental encapsulada no grego e no latim, nas seis línguas modernas imperiais da Europa (espanhol, português, inglês, francês, italiano e alemão). Assim diz Mignolo:

> [...] é preciso que a opção descolonial fique clara neste contexto. Descolonial significa pensar a partir da exterioridade e em uma posição epistêmica subalterna vis-à-vis à hegemonia epistêmica que cria, constrói, ergue um exterior a fim de assegurar sua exterioridade. Portanto, decolonial implica pensar a partir das línguas e das categorias de pensamento não incluídas nos fundamentos do pensamento ocidental" (2008, p. 305).

Decolonialidade, para Walter Mignolo, significa, ao mesmo tempo: i - desvelar a lógica da colonialidade e da reprodução da matriz colonial do poder; ii – desconectar-se dos efeitos totalitários das subjetividades e categorias de pensamento ocidentais. E acrescenta:

> [...] hoje já há uma forte comunidade intelectual indígena que, entre muitos outros aspectos da vida e da política, tem algo muito mais claro: seus direitos epistêmicos e não somente seus direitos e reivindicações econômicas, política e culturalmente. As coisas começam a mudar quando os povos indígenas ao redor do mundo clamaram por sua própria cosmologia na organização do econômico e do social, da educação e da subjetividade; quando os afrodescendentes da América do Sul e do Caribe seguirem um caminho semelhante; quando os intelectuais Islâmicos e Árabes romperem com a bolha mágica da religião, da política e da ética do Ocidente (2008, p. 314-315).

Decolonialidade epistêmica implica o rompimento com o multiculturalismo – que é uma invenção norte-americana para capturar e controlar a diversidade cultural dentro da normatividade da colonialidade do poder – e na afirmação da pluriculturalidade. Essa significa interepistemologia, ou seja, um diálogo intenso entre cosmologias não ocidentais (guarani, quíchua, tapebas, tupis, aymaras, afros, árabes, hindus, islâmicos, etc.) e ocidentais. Nesse diálogo, encontraremos a razão de por que as epistemologias descoloniais são pluriversais e a razão por que a cosmologia ocidental é universal; um universal abstrato (Kant e Hegel). A decolonialidade epistêmica rejeita a possibilidade de quaisquer novos universais como substitutos aos existentes.

A perspectiva decolonial se afasta dos estudos pós-coloniais, principalmente do determinismo cultural presente na ênfase do discurso colonial dos sujeitos, afasta-se da perspectiva do sistema-mundo, na sua defesa do determinismo econômico estrutural ou centralismo do capital. A perspectiva decolonial reconhece a coexistência espaço temporal de diferentes epistemologias e de diferentes formas de produzir conhecimento, reconhece a possibilidade da existência de hierarquias epistêmicas e lhes outorga relevância social e econômica. A partir desse reconhecimento, compreende que a dominação e a exploração Norte/Sul se fundam numa estrutura étnico-racial de poder de longa duração ou processo civilizador[5].

Entre os membros do grupo Modernidade/colonialidade, pensadores, como Walter Mignolo e Ramón Grosfoguel, defendem

5 O processo civilizador ou padrão de poder mundial vigente, chamado Modernidade, remete ao período iniciado em 1492, quando o capitalismo estruturou o sistema-mundo ou padrão mundial de poder, no qual parte da Europa se impôs como centro do mundo.

a tese de que o pensamento decolonial não pode ser pós-colonial e nem pós-moderno, pois qualquer projeto teórico que tente superar a colonialidade de poder se encontra debilitado se se estabelece seus fundamentos nas tradições do pensamento eurocêntrico.

Todavia, Santiago Castro-Gómez, filósofo colombiano, tem um pensamento diferente e crítico em relação a essa posição em seu texto "Descolonizar la universidad. La hybris del punto cero y el diálogo de Saberes" (2007), no qual pretende reforçar e aprofundar alguns temas desenvolvidos por Edgardo Lander (2005)[6], sociólogo venezuelano, sobre os vínculos entre universidade latino-americana e a colonialidade do saber com o objetivo de responder à seguinte pergunta: o que significa descolonizar a universidade na América Latina? Ao tentar responder a essa pergunta, Santiago chega à conclusão de que se pode superar a colonialidade do poder por meio da matriz do pensamento moderno.

O olhar colonial sobre o mundo, para Santiago, obedece a um modelo epistêmico expandido pela modernidade ocidental que ele denomina de *hybris do ponto zero*. Nas universidades ocidentalizadas, como na América Latina, reproduz-se esse modelo por meio de um pensamento disciplinário e por meio de uma estrutura organizacional arbórea. Tanto em seu pensamento como em sua estrutura, a universidade se inscreve na chamada estrutura triangular da colonialidade: colonialidade do ser, do saber e do poder.

A pergunta que surge, portanto, é a seguinte: existe uma alternativa para descolonizar a universidade, libertando-a da sua estrutura

---

6 Para Edgardo Lander, as ciências sociais e as humanidades que se ensinam na maior parte das nossas universidades reproduzem a herança colonial de seus paradigmas e contribuem para reforçar a hegemonia cultural, econômica e política do Ocidente por meio da formação profissional, da investigação, dos textos que circulam, das disciplinas, dos autores, dos regimes de avaliações, dos lugares onde se realizam as pós-graduações consideradas as mais avançadas.

arbórea e do seu pensamento disciplinar? Ao responder, adotando parte das reflexões de Jean François Lyotard, para o qual vivemos numa condição pós-moderna, Santiago acrescenta que, em nossa contemporaneidade, a função narrativa do saber tem mudado com respeito à sua forma propriamente moderna. Para Santiago, na Modernidade foram produzidas duas versões ou narrativas de legitimidade de produção e organização do conhecimento: a metanarrativa da educação do povo e a metanarrativa do progresso moral da humanidade[7]. Para o autor, o momento contemporâneo, pós-moderno e pós-colonial, significa o momento em que o sistema capitalista se torna planetário e no qual a universidade começa a se dobrar aos imperativos do mercado global.

A planetarização da economia capitalista faz com que a universidade não seja mais o lugar privilegiado para produção do conhecimento. Nesse contexto, a resposta sobre a possibilidade de decolonização da universidade deveria ser respondida com um "não". Todavia, para Santiago, a realidade emergente no início do século XXI não pode ser vista se a medimos com os mesmos padrões epistemológicos do pensamento estabelecido, pois já existem, no âmbito da ciência moderna, paradigmas de pensamento alternativos que rompem com a colonialidade de poder impulsionada pela *hybris do*

7 A primeira metanarrativa, "Educação do povo", parte do pressuposto de que todas as nações têm o direito de gozar das vantagens da ciência e da tecnologia que tenham como objetivo promover e melhorar as suas condições de vida. Nesse sentido, cabe à universidade o papel de prover a sociedade de conhecimentos científicos e tecnológicos e formar engenheiros, economistas, médicos, físicos, químicos, etc. A segunda metanarrativa, "Conhecimento para o progresso moral", a função da universidade era de formar humanistas, ou seja, sujeitos capazes de educar moralmente a sociedade. Nesse sentido, o papel da universidade era o de formar líderes humanistas para a nação. Essas duas metanarrativas são apresentadas por Jean François Lyotard no seu livro "A Condição Pós-moderna".

ponto zero; trata-se do paradigma da complexidade. Assim, Santiago Castro-Gómez toma distanciamento da visão sobre decolonialidade epistêmica adotada tanto por Walter Mignolo como por Ramón Grosfoguel.

O paradigma da complexidade, segundo Santiago, poderia ser benéfico na medida em que promovesse a transdisciplinaridade, pois vivemos num mundo em que não se pode mais ser entendido apenas sobre a base de saberes analíticos que veem a realidade de forma compartimentada e fragmentada. A transdisciplinaridade introduz um velho princípio ignorado pelo pensamento analítico das disciplinas: a Lei da Coincidência Opositora. Diz Santiago, no conhecimento, como na vida, os contrários não podem se separar, eles se complementam e se alimentam mutuamente, e não podem existir um sem o outro, como pensa a lógica excludente da ciência ocidental. O tema da transdisciplinaridade da universidade se encontra unido ao tema do diálogo de saberes.

Como é possível um diálogo de saberes? Ele somente é possível por meio da decolonização do conhecimento e da decolonização das instituições produtoras e administradoras do conhecimento, decolonizar o conhecimento significa o rompimento com o modelo da *hybris do ponto zero*. Para Santiago Castro-Gómez, decolonizar a universidade significa, pelo menos, duas coisas: i – o favorecimento da transdisciplinaridade, o que significa ir mais além dos pares binários que marcaram o pensamento ocidental da Modernidade (natureza/cultura, mente/corpo, sujeito/objeto, material/espiritual, razão/sensação, unidade/diversidade, civilização/barbárie), buscando mudar essa lógica exclusiva (este ou aquele) por uma lógica inclusiva (este e aquele); ii – o favorecimento da transculturalidade, que significa a universidade tomar a iniciativa de dialogar e criar práticas articuladoras com os conhecimentos que foram excluídos do mapa moderno e das epistemes por terem sido classificados como místicos, orgânicos ou pré-racionais. Significa valorizar e dialogar com os conhecimentos e os processos de conhecimentos das populações que foram colonizadas: América Latina, África e Ásia.

A decolonização da universidade, tal como pensa Santiago, não implica uma cruzada contra o Ocidente em nome de algum tipo de autonomismo latino-americano, de um culturalismo etnocêntrico ou de nacionalismos populistas, como pensam alguns. Tampouco significa ir contra a ciência moderna ou a promoção de um novo tipo de obscurantismo epistêmico. Para Santiago (2007),

> Quando afirmamos que é necessário ir mais além das categorias de análises e das disciplinas modernas, não é porque temos de negar-las, nem porque estas tenham que ser revistas por algo melhor. Falamos, mais bem, de uma ampliação do campo de visibilidade aberto pela ciência ocidental moderna, dado que ela foi incapaz de abrir-se aos domínios proibidos, como as emoções, a intimidade, o sentido comum, os conhecimentos ancestrais e a corporalidade. Não é, então, a disjunção, mas a conjunção epistêmica o que estamos pregados (2007, p. 90).

A rede Modernidade/colonialidade, a partir da perspectiva denominada de giro decolonial, desenvolve uma relação dialógica e interdisciplinar com a teoria do sistema-mundo, com os estudos culturais e com os estudos pós-coloniais. A perspectiva decolonial comparte com a análise do sistema-mundo e com os estudos pós-coloniais a crítica ao desenvolvimentismo, à desigualdade de gênero, às hierarquias raciais, às imitações dos modelos de desenvolvimento do Norte pelas elites do Sul, critica o eurocentrismo como atitude colonial perante o conhecimento e os processos culturais e ideológicos que favorecem a subordinação da periferia aos centros capitalistas. Todavia, apesar dessa relação dialógica e interdisciplinar, o pensamento decolonial se constitui com um novo horizonte de sentido, a busca de um mundo pluriversal.

7
A decolonialidade e o lugar de fala

O pensamento decolonial, um dos mais fecundos pensamentos críticos latino-americanos, desafia-nos a quebrar o nosso sistema de autoengano ou de autoilusão em relação ao nosso modo de ser e de estar no mundo. Ele pode nos ajudar a entender e tomar consciência que mesmo os considerados conscientes, os pensadores críticos, os que se situam no chamado campo das lutas libertárias ou emancipatórias, reproduzem comportamentos racistas e formas de exploração e dominação que nem sequer chegam a imaginar que existem neles de forma tão arraigada. Como constata Djamila Ribeiro: "*é impossível não ser racista tendo sido criado numa sociedade racista. É algo que está em nós e contra o que devemos lutar sempre*" (2019, p. 38).

As categorias com as quais operam o pensamento decolonial podem nos ajudar, ainda, a entender e a compreender que os que sofrem com o racismo também o reproduzem. Por exemplo, uma grande contribuição da categoria colonialidade é quebrar os essencialismos, ou seja, com a ideia de que existem, em sua forma pura, os dominadores e exploradores, de um lado; e os dominados e explorados, de outro. Assim sendo, saber quem oprimimos e como, no dia a dia, ou quando lutamos por emancipação, é um ato decolonizante que pode nos ajudar na constituição de uma sociabilidade libertária, numa moral e numa ética decolonial.

A dicotomia entre luta de classes e luta identitária e a polêmica surgida em torno do lugar de fala, entendido, muitas vezes, como dispositivo proibitivo do discurso do outro, é a colonialidade de poder pensada e reproduzida como um dos eixos de dominação e opressão. Trata-se de uma gramática de posse do meu discurso, de minha fala, de minha narrativa autêntica. É a gramática política mercantil da reserva de mercado de fala, do discurso autêntico do meu lugar como sujeito político, uma gramática da propriedade sobre a forma de violência simbólica. Trata-se de fazer da minha ou da nossa opressão, de nossa indignação e de nossas revoltas e sentimentos uma narrativa na gramática política daqueles que nos oprimem. Na gramática mercantil da propriedade existe uma fala que me pertence, uma fala que é só minha, e ninguém tem autorização ou legitimidade de falar sobre ela.

Quando se entende o lugar da fala como um dispositivo proibitivo do discurso do outro, como a defesa do meu discurso (enquanto negro, mulher, índio, proletário, pobre, criança, louco, suicida, etc.) como o único autorizado, fundamentado na crença de que só quem pode falar de si é quem sente e quem vive na própria pele determinadas condições – como, por exemplo, só um negro pode falar de si e de outro negro –, percebe-se que isso acaba negando a capacidade epistêmica de um diferente conhecer o mundo do outro, acaba negando o saber na sua dimensão pluriversal. Se for assim, se só os suicidas pudessem falar sobre si e sobre o ato de suicidar-se, nunca Karl Marx e Durkheim teriam produzido conhecimentos sobre o fenômeno social do suicídio. Esse mesmo raciocínio serve para falar dos conhecimentos sobre o "direito da terra a ter direitos". Como constata Djamila Ribeiro (2017, p. 67): "*o fato de uma pessoa ser negra não significa que ela saberá refletir crítica e filosoficamente sobre as consequências do racismo*".

O lugar de fala, como afirma Guilherme Terreri Lima Pereira[8], é um dado analítico do discurso e não um dado proibitivo, ele não é um garantidor de verdade, de justiça, de compromisso com a liberdade ou com a emancipação. Lugar de fala não garante e não significa que quem pertence a um determinado grupo social ou a uma condição étnica, de gênero, racial ou de classe lute por ele. Para o pensamento decolonial todo ser fala de algum lugar, toda fala e todo saber são localizados, quem fala trata de alguma coisa de si, dos outros e do mundo a partir de suas condições de existência, de seus interesses e de suas relações sociais. Como constata Djamila Ribeiro,

> Ao ter como objetivo a diversidade de experiências, há a consequente quebra de uma visão universal. Uma mulher negra terá experiências distintas de uma mulher branca por conta de sua localização social, vai experimentar gênero de uma outra forma (2017, p. 61).

8 Guilherme Terreri Lima Pereira é professor, ator e criador da personagem Rita Von Hunty e mantém no *YouTube* um canal de reflexões denominado de "Tempero Drag Queen". A referência sobre a ideia de que o lugar de fala é um dado analítico do discurso e não um dado proibitivo da fala do outro foi aqui absolvida a partir do programa (vídeo) "Lugar de fala parte 2/3".

O lugar de fala, como categoria analítica do discurso, serve para interpelar a fala, para identificar quem fala, de onde vem a fala, o que anuncia e qual é o seu horizonte político. O lugar de fala é uma atitude de identificar quem fala e quem silencia. Como diz Djamila Ribeiro (2017, p. 64): "*pensamos lugar de fala como refutar a historiografia tradicional e a hierarquização de saberes consequentemente da hierarquia social*".

Na gramatica política da colonialidade do poder o problema não é tanto que a existência do subalterno exista, mas sua invisibilidade, a negação do seu ser, da colonialidade do ser. Daí a repressão, a invisibilidade e o apagamento. Se o outro, o diferente, existe e é visível, toca-me, afeta-me, atravessa-me, cria relações eu-outro, obrigando-me a transformar-me, então, vem a violência simbólica e material: a eliminação do outro, que só pode existir em silêncio, só pode existir tendo o seu ser colonizado, só pode existir como não ser. Assim, quando o lugar de fala ou as lutas identitárias são pensados na gramática política da colonialidade do poder, eles perdem a possibilidade de coexistirem com vários universais, ou seja, de construírem uma identidade na política ao invés de afirmarem uma política de identidade, renunciam à pluriversalidade.

Com a colonialidade do ser e do saber, o outro, pensado sempre de forma negativa em relação ao colonizador, não pode ocupar o mesmo lugar, tampouco ter as mesmas coisas e nem ter a mesma fala. A igualdade não pode existir, e, para que a desigualdade impere, é preciso eliminar a liberdade, para que com ela não se queira ser igual. E ser igual significa ter o direito de ser diferente. O lugar de fala é um dispositivo que pode garantir a todos e a todas o direito de exercer a sua liberdade de expressão e de ser diferente.

O grande êxito do sistema-mundo colonial moderno, que opera a colonialidade do poder, tem sido fazer com que os que são socialmente dominados e explorados pensem epistemologicamente como os dominantes. Nesse processo, é muito importante, segundo Walter Mignolo, entender a distinção entre localização social e localização epistêmica, sabendo que uma coisa não se reduz à outra, pois se pode estar socialmente localizado do lado da dominação ou de uma ralação de opressão por origem de classes, como Friedrich Engels, Karl Marx e Fidel Castro, e assumir uma perspectiva epistêmica a partir do dominado, no caso o proletariado. Da mesma forma, pode-se estar socialmente localizado do lado dos dominados e subalternizados numa relação racista e homofóbica (Sérgio Nascimento de Camargo e Fernando Holiday Silva Bispo[9]), se colocando do lado dos dominadores e subalternizadores.

Sérgio Camargo, e tantos outros e outras como ele, não é um alienado político, mas um indivíduo que se situa no seu lugar de fala a partir da colonialidade do poder, do ser e do saber. Para ele, o seu ativismo político não é incompatível com a sua condição de cor, mas, a partir do seu lugar de fala, não há lugar para a fala e o comportamento político e cultural diferentes expressados por outros negros e negras que contestam o racismo, a homofobia, o machismo e as múltiplas formas de exploração. Como constata a feminista negra Carla Akotirene,

9 Sérgio Camargo é jornalista e político brasileiro negro, tornou-se conhecido por assumir publicamente posições conservadoras, racistas, homofóbicos, machistas e protofascistas. No governo de Bolsonaro, foi presidente da Fundação Palmares. Entre as suas declarações polêmicas, consta: "a escravidão no Brasil foi benéfica para os seus descendentes", " no Brasil se tem um racismo nutella". Fernando Holiday Silva Bispo, negro e gay, estudante de história, ativista político conservador, em 2016, com 20 anos, foi eleito vereador por São Paulo com 40.0955 votos. Racista e homofóbico, afirma odiar negros, e é contra a implantação de contas raciais nas universidades e em concursos públicos.

> A interseccionalidade nos instrumentaliza a enxergar a matriz colonial moderna contra os grupos tratados como oprimidos, porém não significa dizer que mulheres negras, vítimas do racismo de feministas brancas e do machismo praticado por homens negros, não exerçam técnicas adultitistas, cisheterossexistas e de privilégio acadêmico (2021, p. 44).

O papel do intelectual, numa perspectiva decolonial, não é o de representar ou de falar pelos dominados, explorados e subalternizados (operários, negros, indígenas, homossexuais, mulheres, sem-teto, sem-terra, etc.), mas o de defender a mudança geográfica da razão ou a geografia do conhecimento como instituição política e epistêmica, seu compromisso é com a defesa de uma ecologia de saberes, das epistemologias do sul, do pensamento de fronteira, da decolonialidade do saber.

Nesse sentido, o lugar de fala, quando compreendido como a posse de uma fala verdadeira, legítima ou autorizada, porque proferida por um sujeito legítimo, é uma reprodução da gramática da colonialidade do poder, do saber e do ser como um "discurso competente" que tem um dono, de um discurso que quer se impor como reserva de mercado de bens simbólicos, é uma forma de silenciar o outro. Todavia, todos têm o direito de tornar claro o seu lugar de fala, de demarcar o seu lócus de enunciação.

No Brasil, um país inventado a partir da violência do colonizador e profundamente marcado pelas suas heranças coloniais, quantos negros e negras, pobres, índios, operários, profissionais liberais, professores e professoras universitárias, mulheres e pessoas situadas a partir da comunidade LGBTQIA+ não votaram em Jair Bolsonaro para presidente nas eleições de 2018? Quantos dos que votam em

Lula, que são petistas ou se dizem de esquerda não são racistas, homofóbicos, misóginos e eurocêntricos? Essas perguntas, que, em si, já contêm uma resposta afirmativa, demonstram que é um equívoco se conduzir a vida social, cultural e política como se existisse um essencialismo de classe ou identitário, como se existissem oprimidos e opressores em si, na sua forma pura.

Se só um corpo negro sabe o que é ser negro e se só um corpo negro pode falar sobre o seu ser existencial e absolver as múltiplas formas de dominação e opressão, então, um negro ou uma negra só pode falar de si, do seu ser consigo mesmo, ou podem falar do negro em si, de um ser genérico e essencial negro? Um homem negro ou uma mulher negra, por sua condição de negritude, pode falar pela totalidade dos negros ou negras, como se essa fosse uma condição epistemológica para acessar a essência negra, ou seja, o ser genérico?

Essas perguntas, seminais e ao mesmo tempo polêmicas, remetem-nos aos "Manuscritos Econômicos e Filosóficos", escrito por Karl Marx (2001), nos quais ele identifica o proletariado como um ser alienado, classe em si, inserido num complexo contexto de múltiplas alienações, mas que, simplesmente, pela sua condição de classe oprimida e produtora de mais-valia, vai se constituir em classe para si, tornando-se revolucionário e pondo fim ao capitalismo.

Para Karl Marx (2001), com o ato revolucionário, que abole o Estado, que acaba com a propriedade privada e com a divisão do trabalho, instaura-se o socialismo e a classe operária conquista a sua condição de ser genérico e se emancipa, passando a viver no comunismo, quando se realiza o projeto civilizador moderno e o fim de história, que Hegel pensava acontecer com a formação do Estado capitalista. O essencialismo de classes de Karl Marx, fundamentado no eurocentrismo moderno, todavia não diz como a mágica da passagem da “classe em si” para “classe para si” acontece, tampouco explica por que foi ele quem entendeu de forma mais profunda a lógica de funcionamento da economia política capitalista e escreveu “O Capital”, não um operário oprimido e explorado pelas relações sociais do modo de produção capitalista.

Pode um negro ou negra estudar, pesquisar e falar sobre os povos originários, que, racializados, foram classificados como índios? Pode um negro ou uma negra estudar, pesquisar e falar dos brancos, dos incapacitados, dos povos nômades? Pode um indígena estudar, pesquisar ou falar sobre os negros e negras, sobre os brancos ou sobre qualquer coisa? Podem os membros pertencentes ao campo da comunidade LGBTQIA+ falar sobre si e sobre qualquer coisa? Podem e falam, e quem fala reivindica um lugar de escuta, e quem escuta reivindica um lugar de fala. Logo, o lugar de fala é uma ação de dialogicidade.

É importante falar sobre a branquitude, que é um traço identitário, sobre a ausência de negros e negras nos espaços de poder, o racismo e a violência de evangélicos, do agronegócio e do Estado sobre os povos indígenas, sobre a violência e a execração da comunidade LGBTQIA+, da violência da polícia sobre os moradores de morros, favelas e quebradas. Como afirma Djamila Ribeiro, o ato de fala não é um ato proibitivo do discurso do outro, mas um dado analítico do discurso social.

> O lugar de fala discute justamente o locus social, isto é, de que ponto as pessoas partem para pensar e existir no mundo, de acordo com suas experiências em comum. É isso que permite avaliar quanto determinado grupo – dependendo do seu lugar na sociedade – sofre com obstáculos ou é autorizado e favorecido (2019, p. 35).

Para o pensamento decolonial, o lugar de fala é uma conquista que se faz por meio de marcadores de dominação, de exploração e de conflitos (poder). Lutar pelo lugar de fala é lutar pelo lugar de todos, de todas e de *todes*, é lutar pelo pluriversal e pelo transmoderno.

É no ato de falar que as pessoas, os corpos políticos, a partir do seu lugar na sociedade, produzem o seu lugar de fala, o qual pode ser interpelado de forma pública em seu horizonte político, que pode se constituir num dado analítico do discurso, que pode ser um gerador de conflitos, polêmicas, alianças, mobilizações, contradições e de novos conhecimentos. Por isso, a vida social precisa ser discutida a partir da localização dos grupos nas suas relações com a colonialidade do poder no sistema-mundo moderno/colonial. Para isso, como bem afirma Djamila Ribeiro, comentando Patrícia Hill Collins, é:

> [...] preciso entender as categorias de raça, gênero, classe e sexualidade como elementos de estrutura social que emergem como dispositivos fundamentais que favorecem as desigualdades e criam grupos em vez de pensar essas categorias como descritivas da identidade aplicada aos indivíduos (2017, p. 61).

Para o pensamento decolonial, como até o momento temos entendido, cada um de nós, cada corpo-político, a partir de seu lugar e de seu modo de ser e se relacionar com o mundo, tem potencial para falar de qualquer coisa. Um lugar de fala decolonial, como lócus de enunciação, não fala, não estuda ou não pesquisa para representar ou construir discurso sobre o outro, para falar pelo outro, mas para construir uma fala e um ativismo político que se colocam a partir de um horizonte político libertário. Para dialogar com os outros a partir do que se tem em comum e de diferente, para dialogar sobre o que somos, para saber e ser com os outros e para construir uma ecologia de saberes para um mundo pluriversal que responda à crise civilizacional da Modernidade enquanto projeto de morte.

O lugar de fala pode ser uma referência a partir da qual nos confrontamos com as formas de dominação e de opressão da colonialidade do poder, do ser e do saber, por isso devemos ter consciência de que somos seres que foram produzidos e socializados pela colonialidade do poder, que somos eurocentrados, mas que temos nossas heranças e feridas coloniais nas quais podemos nos referendar, que existem outros projetos civilizacionais não ocidentais que resistem ao longo dos tempos às pretensões universalistas, de pensamento único, de fim da história e do fim do sujeito político da ideologia ocidental moderna. O lugar de fala pertence a todos e todas como lócus de enunciação de seus desejos, visões de mundo e horizontes políticos.

8

Decolonizar a economia política

Os paradigmas da economia política ocidental ou moderna, de direita e de esquerda, seguem sendo produzidos a partir da epistemologia eurocêntrica da "ego-política do conhecimento como fundamento" universalmente válido, isto é, por ser pensado metodologicamente [metafísica, idealismo e dialética]. A filosofia moderna é uma epistemologia imperial ancorada na crença de que o homem ocidental é o fundamento e produtor de todo conhecimento verdadeiro e universal. Portanto, fora do conhecimento moderno, que tem pretensão de universal, não é possível conhecimento que possua a verdade sobre as coisas. É nesse sentido que a economia de mercado liberal é anunciada como modelo único e verdadeiro do processo civilizador moderno.

Para Ramón Grosfoguel (2010), os paradigmas da economia política moderna se constroem a partir de um olhar eurocêntrico do mundo, onde, em nome da ego-política do conhecimento, privilegia-se a expansão colonial europeia e o capitalismo global. Na visão eurocêntrica e seus paradigmas da economia política, o novo é a lógica da acumulação em escala mundial. Todavia, se mudamos a geografia da razão e passamos a escutar o que foi a expansão europeia a partir da localização estrutural e narrativa dos povos originários nas Américas, o que aqui chegou com os europeus foi um pacote de relações de poder muito mais amplo e complexo do que a acumulação de capital, no qual um atavismo colonial organizava as razões vivenciais, hierarquizando-as e subalternizando os povos originários. Nesse pacote de dominação e exploração se inclui, simultaneamente:

- um processo de colonização, no qual a América se tornou a primeira periferia do sistema-mundo colonial/moderno, onde os povos originários são constituídos por hierarquias étnico-raciais nas quais os colonizadores se impõem a si mesmos como superiores;
- uma dominação de gênero [onde os homens dominam as mulheres] e sexual [onde os heterossexuais com a família monogâmica nuclear cristã dominam sobre as outras formas de sexualidade e organizações familiares não ocidentais];
- uma dominação espiritual [onde os cristãos católicos e protestantes dominam, destroem e desautorizam as formas de espiritualidade não cristãs e não ocidentais];
- um epistemicídio [no qual o eurocentrismo como produção do saber e de subjetividade domina, subalterniza e inferioriza o saber não ocidental];
- uma dominação estética [na qual as formas de arte e beleza eurocêntricas se colocam superiores ou verdadeiras em relação à não europeia. Assim, o europeu produz cultura e o não europeu produz folclore];
- uma dominação pedagógica [na qual as formas de pedagogia ocidental se impõem como superiores às não ocidentais] e linguística

[na qual as línguas europeias se impõem, subordinam e matam as línguas não europeias];

- a construção de uma divisão internacional do trabalho articulada em centros e periferias onde o capital domina e explora através de diversas formas coercitivas de trabalho [escravidão, servidão, mutirão, salário, etc.].

Todas essas hierarquias globais de dominação e exploração estão entrelaçadas entre si, formam um sistema hierárquico no qual todos os elementos são tecidos juntos, ou seja, no qual: as diversas hierarquias de poder estão entrelaçadas e implicadas umas com as outras e a ideia de última instância não se pode determinar *a priori* para todas as situações.

O sistema-mundo moderno/colonial não é simplesmente um sistema econômico ou um modo de produção como nos querem fazer ver a economia política moderna e a crítica eurocêntrica da economia política moderna. É um sistema hierárquico de poder [padrão mundial de poder] que não pode ser pensado apenas pela lógica econômica da acumulação de riqueza. A ideia de que resolvendo os problemas da luta de classes automaticamente se resolvem os problemas de dominação e exploração parte de uma análise reducionista do sistema-mundo colonial/moderno limitado às relações econômicas ou de modo de produção.

No Brasil, como em todos os países da América Latina, a esquerda eurocentrada trata as lutas e as vozes indígenas, feministas, negras e homossexuais como lutas menores e as denominam de lutas por identidade ou reconhecimento. Presas a uma visão reducionista, essas esquerdas eurocentradas acham que os processos de dominação e subalternização vão ser resolvidos com a implantação do neodesenvolvimentismo dos chamados governos progressistas. Logo, as lutas por identidade ou por reconhecimento podem ser secundarizadas e deslocadas do enfrentamento com o capital, o que é uma forma de torná-las ausentes e invisibilizadas em relação às suas lutas emancipatórias.

Sem negar a importância da exploração do trabalho e a luta de classes, como uma dimensão fundamental do presente sistema-mundo, Ramon Grosfoguel (2016) afirma que se recusa a seguir caracterizando o presente sistema-mundo como sistema-mundo capitalista ou capitalismo global. Para ele, essa caracterização invisibiliza as múltiplas relações de poder, daí, correndo o risco de soar ridículo, optou por caracterizá-lo de: sistema-mundo europeu/euro-norte-americano cristão-centrado moderno/colonial capitalista/patriarcal.

O padrão colonial de poder, na concepção de Aníbal Quijano, é precisamente uma "multiplicidade histórica heterogênea estrutural" de relações de poder. Essa compreensão é fundamental porque não pode haver luta radical contra o sistema se não abarcar, ao mesmo tempo, a partir de uma consciência interseccional, a luta contra todo o pacote de relações de dominação e exploração do padrão colonial de poder.

O que se passou com a esquerda do século XX é que ela sempre privilegiou uma das hierarquias de poder: a exploração do trabalho [luta de classes]. Daí que os movimentos revolucionários socialistas do século XX [Revolução Russa, Chinesa, Cubana e outras] se constituíram em hierarquias patriarcais, racistas e sexistas, que terminaram produzindo capitalismo de Estado em vez de uma sociedade nova. Na Cuba revolucionária, até o final do século XX, os homossexuais eram perseguidos e presos por serem considerados seres degenerados. Depois da Revolução Russa de 1919, a União das Repúblicas Socialistas da União Soviética foi constituída e se manteve como um Estado monocultural, centrista e burocrático, não como um Estado plurinacional, que existia de forma invisível.

Para o pensamento decolonial, uma ação decolonizante consiste em não deixar que nenhum elemento das ideologias e hierarquia do padrão colonial de poder fique sem ser atacado. Lutar contra o padrão mundial de poder é lutar, ao mesmo tempo, contra o capitalismo, o imperialismo, o racismo, o cristianismo, o patriarcado, a colonialidade do ser e do saber. Nesse processo, os meios constroem os fins.

O fundamentalismo epistemológico eurocêntrico é o fundamentalismo mais perigoso porque suas posições binárias de pensamento não reconhecem a existência em plano de igualdade de outras epistemologias [indigenistas, afrocêntricas, islâmicas e orientalistas]. Nesse sentido, a esquerda ocidentalizada não será libertária se não fizer um giro decolonial, ou seja, romper com o padrão de produção do conhecimento e de subjetividade universal da Modernidade. Exemplo: se a direita afirma, a partir de sua particularidade, um projeto universal, a esquerda responde a partir, também, da sua particularidade, com outro projeto universal. Se a direita defende o liberalismo/neoliberalismo como pensamento único, a esquerda eurocentrada responde com o liberalismo/neodesenvolvimentismo; sem falar no tipo de alianças e práticas de corrupções que protagonizam para conquistarem e se manterem no poder.

Para a teoria decolonial, a partir de um particular não se pode definir um projeto universalista e aplicá-lo como desenho global a todo o mundo. Em Hegel e Marx, a partir do pensamento dialético[10]

---

10 Como nos chama a atenção Wolfgang Röd (1984, p. 212): "a dialética é tida como elemento de uma cosmovisão militante, que perde seu significado, se desprendida dos objetivos revolucionários do comunismo. No âmbito dessa cosmovisão não pode existir um interesse puramente teórico pela dialética. Isso tem como consequência o fato de que a teoria da dialética não conhece nenhum desenvolvimento essencial na filosofia". A dialética, portanto, é um pensamento eurocêntrico instrumental, reducionista e teleológico.

eurocentrado, pensa-se o fim da história como o fim das diferenças e das particularidades. Para eles, o fim da história é resultado da efetivação dos interesses de uma classe social particular. Para Hegel, o fim da história se efetiva com a sociedade burguesa e a universalização de sua racionalidade-mundo por meio da mediação do Estado moderno como instituição impessoal que se coloca acima das classes sociais para garantir a liberdade.

Para Karl Marx, o fim da história se efetiva com o comunismo, pois sendo a história movida pela luta de classes, o fim da história é o fim da exploração do homem pelo homem. Portanto, o fim da história não pode se dar, como pensava Hegel, na sociedade burguesa que se ancora na propriedade privada. No comunismo, o proletariado, como classe particular, universalizou-se, pondo fim à luta de classes, ou seja, acabando com as diferenças que dão lugar a um ser genérico [ser natural e humano], já que, para Marx (2001), na sociedade capitalista, o trabalho alienado rouba do homem o seu ser genérico.

Hegel e Marx possuem uma visão teleológica da história. Para eles, a história tem uma finalidade. Em Marx, o proletariado deveria transcender as identidades particulares para se reconhecer como parte da grande família do gênero humano, ou seja, deveria conquistar o seu ser genérico. Marx defende a necessidade de regeneração dos indivíduos e o retorno a um modo de ser autêntico, no qual a autorrealização humana seja possível como igualdade de todos.

Assim como para Hegel, em Karl Marx, a razão se realiza na história. A realização da razão na história é a emancipação humana por meio da efetivação do comunismo. A razão é universal e o seu sujeito é o proletariado. Daí a forma como ele termina as suas reflexões no "Manifesto do Partido Comunista" (2005, p. 82): "que as classes dominantes tremam diante de uma revolução comunista[11]. Os proletariados não têm nada nela a perder a não ser suas cadeias. Têm um mundo a ganhar. Proletariados de todo mundo, uni-vos!". Naquela época, quando Marx falava de proletário do mundo inteiro, ele só poderia se referir ao proletário da Europa.

Para Ramón Grosfoguel (2007), o processo decolonial [descolonialidade] não implica criar novos conceitos, e sim em nos mantermos em outras genealogias de pensamentos, que não são novas, são velhíssimas. Por exemplo: "o mandar obedecendo" e "o andar perguntando" zapatistas se fundam em uma cosmologia Tojolabal tem mais de 1000 anos. A partir dessas "cosmologias outras", ressignificam-se os elementos da modernidade eurocentrada. "O mandar obedecendo", dos Zapatistas, é um conceito de democracia a partir do qual eles estão ressignificando a democracia ocidental.

O projeto decolonial implica partir de conhecimentos outros [não de outros paradigmas] que foram silenciados e enterrados pela colonização ocidental e que agora, depois de 500 anos de resistência, saem para o espaço público com os movimentos indígenas e os negros. O conceito de novo e de novidade é totalmente moderno e colonial. Se agora a gente diz que quando os zapatistas falam em "mandar obedecendo" estamos diante de um novo conceito de democracia e não de um outro conceito, o domesticamos na Modernidade, pois enfatizar o novo ou novidade faz parte da lógica da Modernidade/colonialidade.

11 Diz Marx: "o desenvolvimento da grande indústria abala sob os pés da burguesia a própria base sobre a qual ela produz e se apropria dos produtos. A burguesia produz, acima de tudo, seus próprios coveiros. Seu declínio e a vitória do proletariado são igualmente inevitáveis" (2005, p. 54). Isso é determinismo, profecia ou as duas coisas?

A novidade e o novo fazem parte de uma lógica de consumo, da negação permanente da mercadoria e do conhecimento e dos mecanismos necessários à sua produção e reprodução. O novo é a lógica do efêmero, da invenção cultural, e não do devir. A pergunta é: novo para quem? As cosmologias outras são novas para os que não a conhecem, mas "mandar obedecendo" tem mil anos como concepção e como prática.

O projeto decolonial trata mais de resgatar outras epistemologias, outros saberes, outros imaginários silenciados, subalternizados e oprimidos do que de inventar novos paradigmas. O problema da filosofia ocidental consiste em ser um particular, que, ocupando um lugar de fala, define a universalidade para todos a partir de sua particularidade, negando a diversidade epistêmica, inferiorizando e subalternizado outras particularidades.

A decolonialidade não é um projeto de volta ao passado, mas um projeto presente olhando para o futuro. Quando se tenta pensar a partir da tradição, o que está ocorrendo é que se está utilizando uma epistemologia ou cosmologia outra para ressignificar o presente em uma direção outra. Não há volta a um passado puro. Estamos todos contaminados pela colonialidade, mas isso não significa dizer que a Europa foi exitosa em sua pretensão de erradicar todas as cosmologias/epistemologias outras. Essas resistiram e o retorno a elas, que nunca desapareceram, mas permaneceram subalternizadas e invisibilizadas, agora, com a crise do eurocentrismo, é fonte epistemológica que mobiliza vários sujeitos contra o padrão mundial de poder.

Ressignificar a partir da epistemologia/cosmologia eurocentrada só nos leva ao mais do mesmo. Mas ressignificar o Estado boliviano a partir da cosmovisão Aymara e de seus povos originários, ressignificar a democracia mexicana a partir do "mandar obedecendo" zapatista, ressignificar a economia a partir da reciprocidade e de outros modelos econômicos leva-nos por um caminho transmoderno ao giro decolonial, muito distinto do caminho do marxismo ou do pós-estruturalismo [Foucault ou Derrida], que, por estarem entranhados na epistemologia ocidental, não podem oferecer nada mais além da pós-modernidade.

Para Ramón Grosfoguel (2016), a transmodernidade reivindica um tipo de universalismo outro. Em lugar do universalismo ocidental, que, a partir de um particular, impõe-se ao resto do mundo, quer construir um pluriverso como resultado do diálogo crítico entre todas as epistemologias para se chegar ao universal concreto inclusivo de todos os universais particulares no lugar de universal abstrato. Por exemplo, o conceito atual de direitos humanos, particular como ponto de partida, ou seja, concebido a partir da Europa, impôs-se como desenho global/imperial [ocidental hegemônico] ao resto do mundo. Que aconteceria se, em lugar de um direito humano particular [eurocêntrico] como ponto de partida, fosse construído um conceito de direitos humanos que fosse resultado do diálogo crítico entre pensadores/pensadoras islâmicos, aimarás, budistas, taoístas, zapatistas, ianomâmis, guaranis, etc.? Teríamos um conceito de direitos humanos transmoderno, pluriversal, incluso de todas as epistemologias que o conceito moderno ocidental de direitos humanos ignora.

As forças institucionais e conceituais de socialização do poder anticapitalistas e as formas de libertação da mulher, dos negros, dos índios, ou seja, dos oprimidos e subalternos, têm distintas expressões práticas e teóricas no mundo. Isso nos permite romper com o relativismo pós-moderno do tudo vale, sem cair no relativismo abstrato o qual um particular define para todo o planeta uma solução global. Parte do problema e fracasso do socialismo foi construir, a partir de um particular, o marxismo eurocêntrico, um desenho global como solução para todo o mundo, muito bem expresso na ideia de que não se pode construir o socialismo em um só país.

Para Arturo Escobar (2019), já não podemos tratar a América Latina como um continente unificado em sua história e em sua cultura, mas como um continente pluriverso, ou seja, um mundo feito de muitos mundos: os mundos das nações indígenas, os mundos dos afrodescendentes, os mundos dos povos campesinos e os mundos urbanos. Todos esses mundos são atravessados por eixos de existências e resistências: raça, gênero, sexo, religião, cultura, trabalho, estética, economia, espiritualidade, etc. Nosso território, composto de muitos mundos, recebe de Arturo Escobar a denominação de Abya Yala/Afro/Latino/Americano.

A partir de um particular não se pode definir um projeto universalista. Levar a sério a diversidade epistêmica implica entrar em diálogo transmoderno e horizontal com a diversidade epistêmica e uma ecologia de saberes[12], como diz Boaventura, para definir vários projetos de emancipações, que seriam pluriversais em vez de universais. Projeto decolonial implica o giro epistêmico de um projeto universal a um pluriversal. É do diálogo crítico entre as diferentes particularidades epistêmicas que surge o pluriversal em vez do universal.

---

12 "Designamos a diversidade epistemológica por epistemologias do Sul. O Sul é aqui concebido metaforicamente como um campo de desafios epistêmicos que procuram reparar os danos e impactos historicamente causados pelo capitalismo na sua relação colonial com o mundo... A ideia central é que o colonialismo, para além de todas as dominações porque é conhecido, foi também uma dominação epistemológica, uma relação extremamente desigual de saber-poder que conduziu à supressão de saber próprios dos povos e/ou nações colonizadas. As epistemologias do Sul são o conjunto de intervenções epistemológicas que denunciam essa supressão, valorizam os saberes que resistiram com êxito e investigam as condições de diálogo horizontal entre conhecimentos. A esse diálogo entre saberes chamamos de ecologia de saberes" (SANTOS, 2010, p. 19).

Na realidade atual da América Latina, os movimentos sociais insurgem em favor de uma virada descolonial. Um processo de descolonialidade ou virada descolonial se dirige contra as hierarquias das múltiplas relações raciais, étnicas, sexuais, epistemológicas e de gênero que a Modernidade deixou intactas. Ao contrário do processo de descolonização, a descolonialidade do poder é um processo de longo prazo que não pode ser reduzido a um acontecimento jurídico-político. O giro decolonial é uma luta pela emancipação em relação ao sistema-mundo euro-norte-americano capitalista/patriarcal moderno/colonial.

9

Um novo horizonte de sentido

O sociólogo peruano Aníbal Quijano (2009) afirma suspeitar de que a única espécie de animal que tem como sentido histórico de existência (motivação) o poder é a que chamamos de *Homo sapiens*. O poder, portanto, nas suas múltiplas formas, não é, como se pode pensar, algo inerente à animalidade de nossa espécie, mas uma expressão e testemunho da especificidade histórica do *Homo sapiens*. A América Latina, como espaço original e tempo inaugural do atual padrão mundial de poder, que se formou há pouco mais de 500 anos, constitui-se como um espaço excepcional para reflexão e ensaios para um novo horizonte de sentido, ou seja, um espaço de resistência e alternativa à colonialidade do poder.

Na América Latina, os discursos do colonizador, como discurso do moderno, são espaços nos quais a identidade dos colonizados – como povos sem história, povos sem alma, povos selvagens, povos primitivos, povos atrasados, povos subdesenvolvidos – é construída, e nos quais o ato de colonizar se autoconstitui exercendo o seu poder sobre os corpos e o território dos colonizados, radicalizando-os, inferiorizando-os e subalternizando-os. Nesse processo, o outro, o colonizado, os povos originários, os afrodescendentes, passou a ser representado como uma essência unitária, um universal abstrato (índio, negro), ou seja, como uma coisa que se pode conhecer, classificar e controlar. Enfim, um processo de constituição da violência epistêmica e da colonialidade.

O que Quijano conceitua como colonialidade, ou seja, como mecanismos de dominação, exploração e conflito, que articula as diversas e heterogêneas formas de existência social em espaços e tempos diferentes, materializa-se no padrão mundial de poder inerente à Modernidade. O padrão mundial de poder foi sendo estruturado por meio de dois eixos: i – o da classificação e hierarquia dos membros da espécie humana por meio da noção de raça, enquanto construto mental produtor de violência e destruição das diferenças; ii – e o do capitalismo como articulação de todas as formas de exploração do trabalho: a escravidão, a servidão, a pequena produção, a reciprocidade, o escambo, o trabalho assalariado e o trabalho cooperativo. Trata-se de uma relação de dominação e exploração chamada de capital, que se funda na mercantilização do sistema-mundo euro-norte-americano, capitalista/patriarcal e colonial/moderno.

Em relação à classificação social da humanidade a partir da ideia de raça, Quijano crê que há um equívoco por parte do eurocentrismo - quando pensa a ideia de superioridade e inferioridade de uns em relação aos outros, que ocorre nas formas de hierarquias sociais, como nas experiências históricas que implicam impérios e colônias - ao desconhecer que essa ideia de superioridade/inferioridade não desaparece quando os países conquistam a sua independência política. A classificação social da humanidade a partir da noção de raça é um produto da subjetividade que se converte, por meio da violência colonial, numa forma de relação social. Trata-se de um novo modelo de dominação social que não tem precedentes na história.

A partir do século XVIII, a colonialidade/Modernidade/eurocentrismo vai produzir as ideias de igualdade social, liberdade individual e autonomia, que passam a ser legitimadas no conceito de cidadania burguesa. Todavia, junto com essas ideias, permanece legitimada a ideia de raça ou forma suprema de desigualdade social, que não é mais caracterizada pela pobreza, poder ou manipulação de recursos, mas a partir da constituição da imagem dos indivíduos dominados pelos dominadores e pela reprodução de uma subjetividade dominante pelos próprios dominados. Sendo assim, diz Quijano, o pior da ideia de raça não é somente servir como dispositivo que permite uns (superiores) dominarem os outros (inferiores), não é o racismo estrutural, mas o fato de levar as suas vítimas a se olharem e se julgarem a partir do olho do dominador. Portanto, a ideia de igualdade social e de cidadania da Modernidade tem como seu outro lado uma forma de desigualdade mais profunda que impede a sua realização: a classificação social a partir da ideia de raça.

Todo padrão de poder, ao se reproduzir no tempo, reproduz, também, o seu próprio sentido, sua própria maneira de entender e de se fazer entendido, de explicar, de ver e de ocultar o seu horizonte de sentido. O padrão de poder da Modernidade, sob o controle da Europa Ocidental, produziu o horizonte de sentido que conhecemos como Modernidade, cujo lado oculto é a colonialidade, padrão de civilização provincial imposto como universal, que, paradoxalmente, tem com o processo de globalização no século XXI a sua maior crise. A colonialidade do poder ou padrão global de poder é um modo de existência social que implica uma teoria, uma epistemologia, uma história, uma ética, uma estética, uma política, uma economia, implica o domínio e a exploração da vida nas suas principais áreas de existência social: do sexo, do trabalho, da subjetividade, da autoridade, do conhecimento e da sua relação com a natureza.

No contexto de crise do padrão mundial de poder, no qual as formas de sustentação material e simbólicas de todas as formas de vida são ameaçadas e destruídas, pensar e realizar a decolonialidade epistêmica do pensamento é, em si, colocar-se diante da emergência de construção de outro horizonte de sentido.

Para Aníbal Quijano (2009), hoje não temos um horizonte de sentido estável e legítimo, pois vivemos um momento de crise de hegemonia no qual ainda não é perceptível, de forma evidente, um novo horizonte. Continuamos vivendo do mesmo modo e na mesma existência social do padrão em crise, caracterizado pela conjunção simultânea de fenômenos (violência, guerras, genocídios, pobreza, fome, desmatamentos, crise ambiental, desigualdade social, etc.) que colocam em risco a existência de todas as formas de vida no planeta.

Trata-se de uma crise global profunda, crise do padrão de civilização moderno, mas à qual muitos intelectuais se referem como se fosse apenas uma crise estrutural do capitalismo. Portanto, não se trata de uma crise natural, mas de uma crise que reflete a ação prática do homem, na sua relação com a natureza e com seus semelhantes, normatizada pela razão instrumental iluminista que se efetiva, por meio do modelo moderno de saber científico e tecnológico, como ideologia e poder. A superação da crise passa pela decolonialidade, o que implica ter clareza da perspectiva ou horizonte de sentido que torne tal desafio possível.

Para Ramón Grosfoguel, discutir um novo horizonte utópico decolonial é diferente de discutir a política que nos levará à sua efetivação. Para o autor,

> O horizonte político e a política não podem se fundir, reduzindo um ao outro, porém tampouco podem se separar, retirando o horizonte da política concreta. Horizonte político sem pragmática política é uma prática moral sem mudar o mundo, da mesma forma que pragmática política sem horizonte é um cinismo pragmático conciliatório com o mundo. Tanto um como o outro são tão conservadores quanto o status quo e conciliadores com este. É preciso conjugar a prática política concreta com o horizonte para onde nos dirigimos (2018, p. 68).

O poder tem que ser decolonizado para que relações predatórias que ameaçam o planeta também sejam. Quando as populações indígenas da América afirmam que a água, as florestas, a terra, as montanhas, os animais e a vida não são mercadorias, porque carregam a nossa existência comum, eles estão defendendo um novo horizonte de sentido, estão defendendo outro padrão epistemológico e novas formas de relações e de existência social, estão anunciando como desafio a construção de um giro decolonial, ou seja, a decolonialidade do saber, do ser e do poder.

A decolonialidade epistêmica do pensamento implica a afirmação de que as teorias originadas no pensamento eurocêntrico não são suficientes para entendermos nossos problemas, tampouco para encontrarmos outros horizontes de sentido, pois ocultam a colonialidade como lógica de controle do poder [dominação, exploração e conflito] que nos governa. Já os povos indígenas, que têm uma visão de dentro e de fora, porque são portadores de uma memória ancestral de outras possibilidades, estão nos alertando para o fato de que estamos numa civilização de morte, uma civilização que, além de matar vários seres humanos diariamente, está matando, também, as possibilidades de existência da vida no planeta.

A dominação ou padrão de civilização moderna não é, somente, uma combinação de força e exploração, mas, também, de conhecimento. A partir dessa compreensão, parte do grupo Modernidade/colonialidade defende a tese de que a partir da epistemologia eurocêntrica, que oculta a colonialidade como sua parte constitutiva, não podemos encontrar um novo horizonte de sentido e reflexão.

Assim sendo, o pensamento de Ulrich Beck (2011) – que diagnostica em suas pesquisas que vivemos num momento de crise que se caracteriza por uma ruptura no interior da própria Modernidade, pois a produção de riqueza se fez nela acompanhada de catástrofes ambientais e do terrorismo, e que, por isso, passamos a viver os efeitos colaterais que colocam a nossa existência no planeta em risco – é um pensamento limitado, e a solução apontada por Beck é rumarmos para outra modernidade. Para ele, não se trata do fim da Modernidade, do padrão mundial do poder, mas de uma reconfiguração da sociedade moderna. Nessa mesma pegada, podemos citar Anthony Giddens e Habermas como pensadores críticos dentro dos limites da Modernidade.

Para construir uma analítica da relação entre as ideias sobre colonialidade e decolonialidade, Nelson Maldonado Torres (2018) formulou um conjunto de dez teses, que citamos sem explorar o seu conteúdo explicatório, mas somente os seus enunciados:

1ª – colonialismo, descolonização e conceitos relacionados provocam ansiedade;

2ª – colonialidade é diferente de colonialismo e decolonialidade é diferente de descolonização;

3ª – Modernidade/colonialidade é uma forma de catástrofe metafísica que naturaliza a guerra que está na raiz das formas moderno/coloniais de raça, gênero e diferença sexual;

4ª – os efeitos imediatos da Modernidade/colonialidade incluem a naturalização do extermínio, expropriação, dominação, exploração, morte prematura e condições que são piores que a morte, tais como a tortura e o estupro;

5ª – a colonialidade envolve uma transformação radical do saber, do ser e do poder, levando à colonialidade do saber, à colonialidade do ser e à colonialidade do poder;

6ª – a decolonialidade está enraizada em um giro decolonial ou em um afastar-se da Modernidade/colonialidade;

7ª – decolonialidade envolve um giro epistêmico decolonial, por meio do qual o condenado emerge como questionador, pensador, teórico e escritor/comunicador;

8ª – decolonialidade envolve um giro decolonial estético (e frequentemente espiritual), por meio do qual o condenado surge como criador;

9ª – a decolonialidade envolve um giro decolonial ativista, por meio do qual o condenado emerge como um agente de mudança social;

10ª – a decolonialidade é um projeto coletivo.

A decolonialidade do saber, do ser e do poder, como horizonte de sentido histórico outro, é uma defesa das condições de existência de todas as formas de vida no planeta, que, para desenvolver-se e consolidar-se, segundo Aníbal Quijano (2014, p. 857), implica a efetivação de um conjunto de práticas sociais configuradas:

A – pela igualdade social de indivíduos heterogêneos e diversos contra a imprópria e injusta classificação e identificação da população mundial por raça, sexo e condição social;

B – por conseguinte, nem as diferenças nem as identidades seriam mais a fonte ou o argumento da desigualdade social entre os indivíduos;

C – por agrupações, pertencimentos e/ou identidades seriam os produtos das decisões livres e autônomas de indivíduos livres e autônomos;

D – pela reciprocidade entre grupos e indivíduos socialmente iguais na organização do trabalho e na distribuição dos produtos;

E – pela redistribuição igualitária dos recursos e produtos tangíveis e intangíveis do planeta entre a população mundial;

F – pela tendência de associação comunal da população mundial em escala local, regional ou global visando um modo de produção e gestão de autoridade coletiva e, nesse preciso sentido, como o mais eficaz mecanismo de distribuição e redistribuição de direitos, obrigações, responsabilidades, recursos e produtos entre grupos e seus indivíduos, em cada âmbito da existência social [sexo, trabalho, subjetividade e autoridade coletiva] e da corresponsabilidade nas relações com os demais seres vivos e outras entidades do planeta ou, até mesmo, do universo inteiro.

No processo de decolonialidade epistêmica do pensamento, o processo de resistência, segundo Aníbal Quijano:

> [...] tende a desenvolver-se como um modo de produção de um novo sentido de existência social, da vida mesma, precisamente porque a massa da população implicada percebe, com intensidade crescente, que o que está em jogo agora não é somente sua pobreza, mas a sua própria sobrevivência. Tal descoberta entranha, necessariamente, que não se pode defender a vida humana na terra sem defender, ao mesmo tempo e no mesmo movimento, as condições da vida mesma nesta terra (2014, p. 856).

No texto intitulado "Bien Vivir – Entre El desarrolho y la des/colonialidad del poder", que utilizamos a partir de uma coletânea publicada em 2014, Quijano, juntando horizonte utópico decolonial com pragmática política decolonial, afirma que o *bien vivir* é, provavelmente, a formulação mais antiga da resistência indígena contra a colonialidade do poder. O termo foi cunhado pelo intelectual indígena Guamán Poma de Ayala, em 1616, em sua obra "Nueva Crónica y Buen Gobierno". Diz Quijano que, para ser uma realização histórica efetiva, o *bien vivir* deve ser um complexo de práticas sociais orientadas para produção e reprodução de uma sociedade democrática, de um outro modo de existência social e de um horizonte de sentido próprio e alternativo à colonialidade global de poder.

10

Uma educação decolonizadora

A colonialidade consiste, em primeiro termo, numa colonização do imaginário dos dominados, ou seja, ela atua definindo o modelo de subjetividade do colonizado. Assim sendo, sua ação recai, antes de tudo, sobre os modos de conhecer, de reproduzir conhecimento, de produzir perspectivas, imagens de sistemas, símbolos, modo de significação dos recursos, padrões e instrumentos de expressão intelectual e material. Por meio do processo educativo, principalmente da evangelização e seu sistema escolar, o eurocentrismo foi impondo aos colonizados uma imagem justificada de seus próprios padrões de produção de conhecimento, de significados e de civilização.

A colonialidade mudou radicalmente as estruturas cognitivas, afetivas e volitivas dos dominados, ou seja, os converteram em um ser a imagem e semelhança do homem branco cristão ocidental. Em síntese, colonialidade diz respeito à violência epistêmica exercida pela modernidade sobre as outras formas de produzir conhecimentos, práticas, instituições, organizações, imagens, símbolos e modos de significação. Já decolonialidade ou ação decolonizante é o reverso de colonialidade; seu horizonte de ação aponta para o desmonte da estrutura da colonialidade do poder, do eurocentrismo e da obediência epistêmica, do modelo político e econômico do projeto civilizador moderno.

Uma educação decolonizadora ou de giro decolonial educacional passa pelo processo de desvendamento do eurocentrismo presente nas teorias da educação e do ensino nas escolas, que reproduzem, mesmo quando propõem um saber crítico, a colonialidade do saber, do ser e do poder. Portanto, nesse processo, é necessária uma ação decolonizante do sistema categorial ou conceitual da pedagogia, do currículo e da didática proposta pelas teorias da modernidade.

Uma pedagogia decolonial não é uma técnica para instruir ou orientar a aprendizagem ou melhorar a forma de ensinar, mas é uma interpelação para o desprendimento em relação aos valores, conteúdos e pedagogias fundadas nos valores da civilização moderna. É uma interpelação a uma abertura para os saberes outros que foram invisibilizados, subalternizados, inferiorizados hierarquicamente em relação aos saberes científicos modernos. Trata-se de uma abertura para desaprender/aprender/reaprender outros saberes que coexistem à margem do saber sistêmico da modernidade colonial racista, capitalista, machista, branca e cristã. Nesse sentido, alerta Paulo Freire:

> A tomada de consciência não é ainda a conscientização, porque esta consiste no desenvolvimento crítico da tomada de consciência. A conscientização implica, pois, que ultrapassemos a esfera espontânea de apreensão da realidade, para chegarmos a uma esfera crítica

> na qual a realidade se dá como objeto cognoscível e na qual o homem assume uma posição epistemológica [...] Quanto mais conscientização, mais se desvela a realidade (1980, p. 20).

O processo educativo e formativo moderno é doutrinante, por meio dele fomos e somos constantemente eurocentralizados, ou seja, recebemos e reproduzimos, de forma consciente e inconsciente, modelos de conhecimentos e de subjetividades do modo de ser, do saber e do poder dominante. Por meio de um processo doutrinante e da imposição de modelos educativos apresentados como objetivos, de validade universal e científica, as escolas e universidades se constituem como instituições executoras de teorias e modelos de educação disciplinadores e reprodutores das necessidades de mão de obra para o mercado de trabalho do sistema capitalista, que necessita constantemente acumular capital.

A educação decolonizadora ou giro decolonial educacional é um processo de desprendimento da modernidade e, ao mesmo tempo, de decolonização mental. Trata-se de um desafio que não tem modelo, não tem receita, nem um único caminho. É um desafio que se constitui como ato de resistência que nos exige aprender a caminhar pelas bordas, pensando a partir das fronteiras[13]. Um saber que configura múltiplos processos educativos, uma educação outra que decoloniza nossos corpos, nossas mentes, nossas consciências,

---

13 Pensamento fronteiriço faz referência aos projetos que têm como ponto em comum uma perspectiva crítica da modernidade. Materializa-se nas formas de construção de novas narrativas históricas que fazem emergir os atores e os momentos históricos que têm sido invisibilizados e negados pelas epistemologias hegemônicas. Pensar a partir das margens ou da fronteira significa pensar a partir da dor e do lugar dos oprimidos e explorados, ou seja, pensar a partir da ferida colonial dos que são classificados e tratados como inferiores por quem se considera superior.

nosso pensar, nosso fazer, nosso sentir e nosso jeito de viver com os outros e no mundo.

Colocar-se nas bordas produzindo um pensamento de fronteira é uma didática outra, começa pela descentralização das teorias eurocêntricas e eurocentradas do saber, do ser e do poder; começa, ao mesmo tempo, pela valorização de outros horizontes epistêmicos. Decolonizar os processos educativos significa, entre outras coisas, outrar-se epistemologicamente, ou seja, abrir-se para a presença do outro com suas formas de conhecer e com suas diferenças. Como afirma Paulo Freire na sua obra a "Pedagogia da Autonomia" (1996, p. 20): "*presença que, reconhecendo a outra presença como um não-eu se reconheço como se reconhece como si própria*". De outra forma, outrar-se, como diz Paulo Freire (1996, p. 46): "*é a outredade do não eu, ou do tu, que me faz assumir a radicalidade do meu eu*".

Promover o giro decolonial na educação e outrar-se não é um ato de aceitação gratuita do outro e nem de renúncia aos conflitos, mas um ato político e epistemológico de resistência ao neoliberalismo como forma de ser do sistema-mundo colonial moderno a partir da década de 1970, porque, como nos dizem Pierre Dardot e Cristian Laval:

> O neoliberalismo não destrói apenas regras, instituições, direitos. Ele também produz certos tipos de relações sociais, certas maneiras de viver, certas subjetividades. Em outras palavras, com o neoliberalismo, o que está em jogo é nada mais nada menos que a forma de nossa existência, isto é, a forma como somos levados a nos comportar, a nos relacionar com os outros e com nós mesmos. O neoliberalismo define certa norma da vida nas sociedades ocidentais e, para além dela, em todas as sociedades que seguem no caminho da modernidade (2016, p. 16).

Uma educação decolonizadora significa, também, reconhecer e incentivar que os camponeses, os quilombolas, os povos originários, os negros, as mulheres e os não heteronormativos venham para escolas não apenas para aprender, mas também para ensinar sobre os seus modos de vida e de produção de saber. Diante desse desafio, é incoerente e contraproducente que um professor ou professora faça um discurso fundamentado sobre inclusão e democracia, mas desenvolva uma relação preconceituosa com seus alunos por causa de sua etnia, condição econômica, orientação sexual, filiação religiosa, nacionalidade ou ideologia partidária. Daí porque decolonizar os processos educativos significa outrar-se.

A colonialidade do ser, do saber e do poder produz um modelo educativo que é incapaz de outrar-se, de ser pluriversal e pluricultural. A proposta educativa inclusiva eurocêntrica é multiculturalista. Logo, sem o reconhecimento do pluriculturalismo dos saberes e das formas de ser dos diferentes não podemos falar de educação intercultural. Se um município, estado ou país, por meio de seus gestores e de suas políticas educacionais, impõe os conteúdos curriculares e metodologias de ensino sem permitir que professores e alunos incorporem adaptações, conteúdos outros e contextualizações da realidade local, não poderemos falar de interculturalidade. Por isso, a decolonialidade da educação se inicia quando os saberes outros, os saberes não oficializados pela matriz de saber moderna, passam a ter validade e reconhecimento.

No padrão mundial de poder moderno o multiculturalismo é a coexistência de várias culturas num mesmo território (bairro, cidade, região e país) como forma de resistência à homogeneidade cultural, mas articulada em torno da hegemonia dos valores eurocêntricos ou modernos. Nos projetos multiculturais, as diferenças (raciais, sexuais, religiosas, econômicas, regionais e nacionais) são reconhecidas apenas enquanto compatíveis com as noções de soberania, de cidadania, de democracia, de direitos de propriedade da colonialidade do poder, do saber e do ser.

No pensamento decolonial, o pluriculturalismo ou interculturalismo se refere à interação de pessoas, culturas e sistemas de valores diferentes de forma horizontal e sinérgica, sem a pretensão de que um padrão de valores se torne hegemônico e colonize outros, o que permite a pluriversalidade e a coexistência de vários mundos. Um exemplo de multiculturalismos é a inclusão[14] de negros e negras nas novelas ou como apresentadores e comentadores dos noticiários da Rede Globo de televisão, pois são incluídos para reproduzirem a visão eurocêntrica do mundo e os interesses da classe dominante.

O sociólogo porto-riquenho Ramón Grosfoguel, ao refletir sobre a estrutura epistêmica do mundo moderno, afirma que

> [...] a interiorização dos conhecimentos produzidos por homens e mulheres de todo o planeta – incluindo as mulheres ocidentais – tem dotado os homens ocidentais do privilégio epistêmico de definir o que é verdade, o que é a realidade e o que é melhor para os demais (2016, p. 25).

Uma explicação para sua constatação é o fato de as universidades ocidentalizadas terem suas estruturas epistêmicas fundamentadas na produção teórica de homens brancos de cinco países: França,

---

14 A inclusão multiculturalista combate o preconceito, todavia não o racismo, que é estrutural. Como diz Maldonado Torres, seguindo as pegadas de Frantz Fanon, o racismo não é preconceito, não é apenas uma questão pessoal de rejeição à diferença, mas é ontológico, ele traça uma linha do humano sobre a qual se situa a zona do ser (superioridade branca, cristã e eurocêntrica), abaixo da qual se encontra a zona do não ser (inferioridade dos não brancos, não europeus, os outros).

Alemanha, Inglaterra, Estados Unidos e Itália. São desses países de onde sai a quase totalidade da produção teórica que compõe o conteúdo das disciplinas e dos projetos pedagógicos dos cursos das universidades eurocentradas.

No Brasil, por muito tempo, preparar-se para enfrentar uma seleção de mestrado em sociologia ou ciências sociais significava estudar e ter domínio do chamado "três porquinhos": Marx, Weber e Durkheim. Para Grosfoguel,

> [...] esse monopólio do conhecimento dos homens ocidentais tem gerado estruturas e instituições que produzem o racismo/sexista epistêmico, desqualificando outros conhecimentos e outras vozes críticas frente aos projetos imperiais/coloniais/patriarcais que regem o sistema mundo (2021, p. 25).

Portanto, quando falamos que o racismo e o sexismo são estruturais significa que eles têm uma base epistêmica e se reproduzem por meio das instituições, não somente das instituições educacionais, mas também das instituições do Estado, do mercado de capitais, do mercado das comunicações, para as quais o complexo educacional prepara seus agentes operadores e influenciadores na sociedade moderna. Grosfoguel, seguindo o pensamento de Enrique Dussel, defende o projeto de transmodernidade como uma opção para superação das estruturas eurocêntricas de conhecimento:

> A transmodernidade é o reconhecimento da diversidade epistêmica sem o relativismo epistêmico. O chamado por uma pluralidade epistêmica, como uma oposição ao universalismo epistêmico, não é equivalente a uma posição relativista. Ao contrário, transmoder-

> nidade reconhece a necessidade de um projeto global compartilhado contra o capitalismo, o patriarcado, o imperialismo e o colonialismo. Mas ele rejeita a universalidade das soluções, onde um define pelos outros qual é a "solução". Universalidade, na modernidade europeia, significa "um define pelos outros". A transmodernidade clama por uma pluralidade de soluções, onde muitos decidem por muitos. A partir de diferentes tradições epistemológicas e culturais surgiram também respostas diferentes para os mesmos problemas. O horizonte transmoderno tem como objetivo a produção de conceitos, significados e filosofias plurais, bem como um mundo plural (2016, p. 45).

A construção teórica e política de um projeto transmoderno, do tipo transdisciplinar, para decolonização do modelo de conhecimento sedimentado nas universidades da América Latina e, em particular, do Brasil, implica a coexistência, no mesmo processo de formação, dos distintos elementos pedagógicos dos saberes (dos povos originários, dos povos negros, dos camponeses, dos pescadores, dos povos das florestas, da economia doméstica, da construção civil, da arte popular, da medicina popular, etc.) e os saberes universitários vigentes. Implica a construção de centros educacionais de produção, reprodução e ampliação de usos dos saberes não eurocêntricos. Implica, ainda, o reconhecimento da validade desses saberes e da garantia de que eles possam ser transmitidos em igualdade de condições, embora não sejam equivalentes e nem sempre possam ser ensinados de forma disciplinar. Como nos alertam José Carvalho e Juliana Flórez,

> [...] a atitude de abertura que busca o projeto reconhece que os saberes, às vezes, são irredutíveis, isso significa

> que os saberes afros, indígenas, populares e modernos nem sempre têm um equivalente exato nas disciplinas, suas lógicas não podem se traduzir linearmente às lógicas modernas eurocêntricas, nem podem se reduzir a uma de suas disciplinas. Pode ser que alguns aspectos dos sistemas tradicionais, às vezes, sejam redutíveis a alguma teoria eurocêntrica, mas muitos outros não serão. O importante é não tomar a priori a possibilidade de equivalência, de paralelismo entre ambos os tipos de saberes; tampouco partir da suposição inversa, de que não há possibilidade de diálogo científico (2014, p. 142).

Para que seja feita uma opção decolonial, a universidade necessita passar por transformações antissistêmicas e pluriversais, e não pelas mudanças apontadas por gestores neoliberais e destacadas pelas corporações que atuam na disputa pelo monopólio dos mercados globais. A universidade pública deve ajudar a sociedade civil a pôr em justa dimensão o lugar do Estado e das corporações na sociedade presente e futura, já que suas ações incidem nas condições de nossa existência e do planeta (HOLANDA, 2021). Portanto, o papel primordial da universidade é ético, sem prejuízo para a produção de ciência e de tecnologia.

Para que seja efetivada a opção decolonial, a transformação da universidade precisa estar relacionada à pergunta acerca de quais são as necessidades da maioria das pessoas do nosso planeta, o qual está sendo afetado por uma crise estrutural do capitalismo e pela crise do padrão civilizatório da modernidade. Embora seja verdade que o padrão civilizatório moderno, com o seu conhecimento científico e tecnológico, tenha criado um mundo fantástico de possibilidades e de muitas facilidades, o mesmo conhecimento tem colocado em risco a existência de todas as formas de vida e do planeta.

Desenvolvido como suporte para o funcionamento da lógica do capitalismo, o padrão de conhecimento moderno gerou uma sociedade desigual, que exclui de seus benefícios e possibilidades fantásticas a maioria da população, gerou um planeta de miseráveis e de práticas genocidas e se tornou uma ameaça para a existência do próprio planeta. Para fazer uma pausa nessa reflexão, lembramos Aníbal Quijano, que afirma que a luta pela liberdade ou pela emancipação é uma luta epistêmica. Na luta política pela definição da universidade, é crucial a participação de todos os segmentos da comunidade acadêmica e de parte da sociedade.

Ser um educador decolonizante é se posicionar contra a corrente, o que significa contribuir para a construção de uma rede plural de resistência e formas de luta contra o projeto de modernidade e seus sistemas econômicos, seus modos de dominação e exploração.

Posicionar-se contra a corrente significa uma desobediência epistêmica ao eurocentrismo e ao imperialismo; significa se colocar de forma imediata contra as condições de precariedade impostas à maioria dos trabalhadores e das trabalhadoras do campo e da cidade, das populações negras e indígenas; significa se colocar contra as condições insuportáveis em que vivem os sem-teto e as pessoas em situação de rua, a comunidade LGBTQIA+, bem como se opor ao racismo estrutural que opera para distinguir quem pode ser ou não humano; significa se colocar em defesa da natureza e contra o consumismo e o extrativismo; significa lutar contra a necropolítica e o necropoder que produzem mundos de mortes; significa lutar contra a colonialidade. Tudo isso como horizonte primeiro de ação e reflexão, não como horizonte futuro a justificar uma adesão ao sistema em nome do realismo político ou da política do possível.

Referências

AKOTIRENE, Carla. **Interseccionalidade**. São Paulo: Editora Jandaíra, 2021.

BECK, Ulrich. **Sociedade de risco – rumo a uma outra modernidade**. São Paulo: Editora 34, 2011.

BERNARDINO-COSTA, Joaze; MALDONADO-TORRES, Nelson; GROSFOGUEL, Ramón. (Orgs.). **Decolonialidade e Pensamento Afrodiaspórico**. Belo Horizonte: Autêntica Editora, 2018.

CARVALHO, José Jorge de; FLÓREZ, Juliana. Encuentro de Saberes: proyecto para decolonizar el conocimiento universitário eurocéntrico. **Nómadas**, n. 41, p. 131-147, Universidad Central, Colombia, 2014. Disponível em: https://www.redalyc.org/pdf/1051/105133774009.pdf. Acesso em: 05 mar. 2021.

CASTRO-GÓMEZ, Santiago; GROSFOGUEL, Ramón. (Orgs.). **El giro decolonial – Reflexiones para uma diversidade epistémica más allá del capitalismo global**. Pontificia Universidad Javeriana-Instituto Pensar – Siglo Del Hombre Editores, Bogotá, 2007.

CASTRO-GÓMEZ, Santiago; GROSFOGUEL, Ramón. (Orgs.). **La hybris del punto cero-ciência, raza y ilustración en la nueva Granada.** Editora Pontificia Universidad Javariana, Bogotá, 2010.

CASTRO-GÓMEZ, Santiago; GROSFOGUEL, Ramón. (Orgs.). **Pós-colonialidade explicada às crianças**. Belo Horizonte: Editora Letramento, 2021.

DARDOT, Pierre; LAVAL, Christian. **A nova razão do mundo**: Ensaio sobre a sociedade neoliberal. São Paulo: Boitempo, 2016.

DUSSEL, Enrique. Transmodernidad y Interculturalidad. *In*: DUSSEL, Enrique. **Filosofia de la Cultura y Transmodernidade**. U.A.C.M, México, 2005.

DUSSEL, Enrique. **1492, o encobrimento do outro:** a origem do mito da modernidade. Tradução de Jaime Clasen. Petrópolis: Editora Vozes, 1993.

ESCOBAR, Arturo. Desde abajo, por la izquierda, y com la Tierra: la diferencia de Abya Yala/Latino/Americano. *In*: TOBAR, Javier. (Compilador). **Diversidad Epistémica y pensamento crítico.** Colômbia: Editora Universidad Del Cauca, 2019.

FREIRE, Paulo. **Conscientização:** Teoria e prática da libertação. São Paulo: Editora Moraes, 1980.

FREIRE, Paulo. **Pedagogia da Autonomia:** Saberes necessários à prática educativa. Coleção Leitura São Paulo: Editora Paz e Terra, 1996.

GONZALEZ, Lélia. **Por um feminismo afro-latino-americano**. Rio de Janeiro: Zahar, 2020.

GROSFOGUEL, Ramón. Angelica Montes y Hugo Basso. Entrevista a Ramón Grosfoguel. **Polis Revista Latinoamericana**, Chile, n. 18, p. 1-13, 2007.

GROSFOGUEL, Ramón. Para descolonizar os estudos de economia política e os estudos pós-coloniais: transmodernidade, pensamento de fronteira e colonialidade global. *In*: SANTOS, Boaventura de Sousa; MENEZES, Maria Paula. (Org.). **Epistemologia do Sul**. São Paulo: Cortez Editora, 2010.

GROSFOGUEL, Ramón. Descolonizar as esquerdas ocidentalizadas: para além das esquerdas eurocêntricas rumo a uma esquerda transmoderna descolonial. **Revista contemporânea** – UFSCar, São Carlos, v. 2, n. 2, p. 337-362, jul./dez. 2012.

GROSFOGUEL, Ramón. A estrutura do conhecimento nas universidades ocidentalizadas: racismo/sexismo epistêmico e os quatros genocídios/epistemicídios do longo século XVI. **Revista Sociedade e Estado**, Brasília, v. 31, n. 1, jan./abr. 2016a.

GROSFOGUEL, Ramón. Caos sistêmico, crisis civilizatória y proyectos descoloniales: pensar más allá del processo civilizatório de la modernidade/colonialidad. **Revista Tabula Rasa**, Bogotá, n. 25, p.153-174, jul./dez. 2016b.

GROSFOGUEL, Ramón. Para uma visão decolonial da crise civilizatória e dos paradigmas da esquerda centralizada. In: BERNARDIONO-COSTA, Joaze; MALDONADO-TORRES, Nelson; GROSFOGUEL, Ramón. **Decolonialidade e pensamento Afrodiaspórico.** Belo Horizonte: Autêntica Editora, 2018.

GROSFOGUEL, Ramón. "Coronavírus e a Nova era do Capitalismo sob o Comando do Império Chinês". Entrevista concedida à professora Ângela Figueiredo (UFRB). **Revista Afirmativa**, 2021. Disponível em: https://revistaafirmativa.com.br/entrevista-coronavirus-e-a-nova-era-do-capitalismo-sob-o-comando-da-gigante-imperio-chines/. Acesso em: 20 abr. 2020.

HOLANDA, Francisco Uribam Xavier de. **Crise civilizacional e pensamento decolonial**. São Paulo: Editora Dialética, 2021.

LANDER, Edgardo. **Colonialidade do Saber:** eurocentrismo e ciências Sociais. Perspectivas Latino-americanas. Buenos Aires: CLACSO, 2005.

MALDONADO-TORRES, Nelson. Analítica da Colonialidade e da decolonialidade: algumas dimensões básicas". *In*: BERNARDINO-COSTA, Joaze; MALDONADO-TORRES, Nelson; GROSFOGUEL, Ramón (Orgs.). **Decolonialidade e Pensamento Afrodiaspórico**. Belo Horizonte: Autêntica Editora, 2018.

MARX, Karl. **Manuscritos Econômico-Filosóficos**. São Paulo: Editora Martin Claret, 2001.

MARX, Karl; ENGELS, Friedrich. **Manifesto do Partido Comunista**. São Paulo: Editora Martin Claret, 2005.

MBEMBE, Achille. **Necropolítica**. São Paulo: Editora N-1 Edições, 2020.

MIGNOLO, Walter. **Historias Locales/diseños globales:** colonialidad, conocimientos y pensamiento fronterizo. Madri: Ediciones Akal, 2003.

MIGNOLO, Walter. Cambiando las éticas y las políticas del conocimiento: lógica de la colonialidad y poscolonialidad imperial. **Tabula Rasa**, Bogotá, n. 3, p. 47-72, jan./dez. 2005.

MIGNOLO, Walter. Desobediência Epistêmica: a Opção Descolonial e o Significado de Identidade Política. **Cadernos de Leituras da UFF – Dossiê literatura, língua e identidade**, Rio de Janeiro, n. 34, p. 287-324, 2008.

QUIJANO, Aníbal. A América Latina Sobreviverá? **Revista São Paulo em Perspectiva**, Fundação SEADE, São Paulo, v. 7, n. 2, p. 60-66, 1993.

QUIJANO, Aníbal. Colonialidade, poder, globalização e democracia. **Novos Rumos**, São Paulo, ano 17, n. 37, p. 4-28, 2002.

QUIJANO, Aníbal. **La colonialidad y la cuestion del poder**. Lima/Peru: Mimeografado, 2003.

QUIJANO, Aníbal. Dom Quixote e os moinhos de vento na América Latina. **Estudos Avançados,** IEA/USP, São Paulo, v. 19, n. 55, 2005.

QUIJANO, Aníbal. Os Fantasmas da América Latina. *In*: NOVAES, Adauto. (Org.). **Oito visões da América Latina.** São Paulo: Editora SENAC, 2006.

QUIJANO, Aníbal. Colonialidad del poder y des/colonialidad del poder. CONFERÊNCIA PRONUNCIADA NO XXVII CONGRESSO DA ASSOCIAÇÃO LATIONOAMERICANA DE SOCIOLOGIA, Buenos Aires, 4 de setembro de 2009. **Anais [...]**. Buenos Aires, 2009.

QUIJANO, Aníbal. Colonialidad y Modernidad-Racionalidad. *In*: PALERMO, Zulma; QUITERO, Pablo. (Orgs.). **Aníbal Quijano textos de Fundación**, Buenos Aires: Edições Del Signo, 2014a.

QUIJANO, Aníbal. **Cuestiones y Horizontes de la Dependencia Histórico-Estructural a la Colonialidad/Descolonialidad del Poder (Antología Esencial)**. Buenos Aires: CLACSO, 2014b.

RIBEIRO, Djamila. **O que é o lugar de fala?** Belo Horizonte: Editora Letramento, 2017.

RIBEIRO, Djamila. **Pequeno manual antirracista**. São Paulo: Companhia das Letras, 2019.

RIBEIRO, João Ubaldo. **Viva o povo brasileiro**. Rio de Janeiro: Editora Objetiva, 2009.

RÖD, Wolfgang. **Filosofia Dialética Moderna**. Brasília: Editora UnB, 1984.

SANTOS, Boaventura de Sousa; MENEZES, Maria Paula (Orgs.). **Epistemologias do Sul.** São Paulo: Cortez Editora, 2010.

SAGATO, Rita. Crítica da colonialidade em oito ensaios e uma antropologia por demanda. Rio de Janeiro: Bazar do Tempo, 2021.

STONE, Harriet Beecher. **A Cabana do Pai Tomás**. São Paulo: Editora Lafonte, 2020.

VELARDE, Nora. Aníbal Quijano: la modernidade, el capital y America Latina nacen el mismo dia. **ILLA – Revista Del Centro de Educación y Cultura**, Lima, n. 10, p. 42-57, jan. 1991.

WALSH, Catherine. Interculturalidad y (de)Colonialidad? Gritos, Grietas y siembras desde Abya Yala. *In*: LASSACO, José Romero (copilador). **Pensar distinto, pensar de(s)colonial**. Caracas – Venezuela: Fundación editorial el pero y la rana, 2020.

CONHEÇA TAMBÉM

Crise Ambiental e Educação

MARCOS SORRENTINO, MARIA CECILIA SILVA E CHARBEL EL-HANI (ORG.)

O desafio que se coloca para os próximos anos desta década, para que os aprendizados adquiridos em seu início não se percam, é a necessidade de uma educação ambiental e sociopolítica permanente, continuada, articulada e com a totalidade da sociedade. Uma educação socioambiental comprometida com profundas transformações culturais, em direção a uma humanidade revigorada em sua capacidade de acolher humanos, não humanos e terráqueos em geral e que, por décadas e décadas, séculos e séculos, continue a construir uma vida digna e plena para todos os seres que habitam este pequeno e belo planeta.

Formato 15x23cm – 312 páginas

Pedagogia da Cooperação

FABIO BROTTO, CARLA ALBUQUERQUE E DANIELLA DOLME (ORG.)

A Pedagogia da Cooperação cria ambientes de conexão e promove relacionamentos colaborativos para solucionar problemas, transformar conflitos, alcançar metas e realizar objetivos, aliando produtividade e felicidade, em empresas, escolas, governos, ONGs, comunidades, em todos os lugares.

Este livro reúne textos de 27 especialistas e apresenta a abordagem completa da Pedagogia da Cooperação, desenvolvida há mais de 20 anos no Projeto Cooperação, recheada de experiências e seu enlace com diversas metodologias colaborativas.

Formato 17x24cm – 480 páginas – com gráficos e ilustrações

Abya Yala! Genocídio, Resistência e Sobrevivência dos Povos Originários

MOEMA VIEZZER E MARCELO GRONDIN

Neste livro os autores realizam um grande inventário da resistência e sobrevivência dos povos ancestrais das Américas, com base em pesquisadores de diferentes épocas e culturas.

Os autores escolheram 5 regiões do continente americano para descreverem como os Povos Originários resistiram e sobreviveram nos últimos 500 anos – Ilhas do Mar Caribe, México, Andes Centrais, Brasil e Estados Unidos.

Formato 15x23cm – 232 páginas

www.bambualeditora.com.br